Philip König

Die Fußballweltmeisterschaft 2010

D1722756

Philip König

Die Fußballweltmeisterschaft 2010

Chancen und Risiken für das Austragungsland Südafrika

AV Akademikerverlag

Impressum/Imprint (nur für Deutschland/only for Germany)
Bibliografische Information der Deutschen Nationalbibliothek: Die Deutsche Nationalbibliothek verzeichnet diese Publikation in der Deutschen Nationalbibliografie; detaillierte bibliografische Daten sind im Internet über http://dnb.d-nb.de abrufbar.
Alle in diesem Buch genannten Marken und Produktnamen unterliegen warenzeichen-, marken- oder patentrechtlichem Schutz bzw. sind Warenzeichen oder eingetragene Warenzeichen der jeweiligen Inhaber. Die Wiedergabe von Marken, Produktnamen, Gebrauchsnamen, Handelsnamen, Warenbezeichnungen u.s.w. in diesem Werk berechtigt auch ohne besondere Kennzeichnung nicht zu der Annahme, dass solche Namen im Sinne der Warenzeichen- und Markenschutzgesetzgebung als frei zu betrachten wären und daher von jedermann benutzt werden dürften.

Coverbild: www.ingimage.com

Verlag: AV Akademikerverlag GmbH & Co. KG
Heinrich-Böcking-Str. 6-8, 66121 Saarbrücken, Deutschland
Telefon +49 681 9100-698, Telefax +49 681 9100-988
Email: info@akademikerverlag.de

Herstellung in Deutschland (siehe letzte Seite)
ISBN: 978-3-639-42886-5

Imprint (only for USA, GB)
Bibliographic information published by the Deutsche Nationalbibliothek: The Deutsche Nationalbibliothek lists this publication in the Deutsche Nationalbibliografie; detailed bibliographic data are available in the Internet at http://dnb.d-nb.de.
Any brand names and product names mentioned in this book are subject to trademark, brand or patent protection and are trademarks or registered trademarks of their respective holders. The use of brand names, product names, common names, trade names, product descriptions etc. even without a particular marking in this works is in no way to be construed to mean that such names may be regarded as unrestricted in respect of trademark and brand protection legislation and could thus be used by anyone.

Cover image: www.ingimage.com

Publisher: AV Akademikerverlag GmbH & Co. KG
Heinrich-Böcking-Str. 6-8, 66121 Saarbrücken, Germany
Phone +49 681 9100-698, Telefax +49 681 9100-988
Email: info@akademikerverlag.de

Printed in the U.S.A.
Printed in the U.K. by (see last page)
ISBN: 978-3-639-42886-5

I INHALTSVERZEICHNIS

5 MÖGLICHE AUSWIRKUNGEN DER WM 2010 FÜR SÜDAFRIKA   50

II ABBILDUNGSVERZEICHNIS

III ABKÜRZUNGSVERZEICHNIS

AFC	Asian Football Confederation
ANC	African National Congress
Bd.	Band
CAF	Confederation Africaene de Football
CONCACAF	Confederation of North Central American and Caribbean Association Football
CONMEBOL	Confederación Sudamericana de Fútbol
COSAFA	Confederation of Southern African Football Associations
ebd	ebenda
engl.	englisch
etc.	et cetera
EXPO	Exposition (Ausstellung)
f	folgende
FASA	Football Association of South Africa
FIFA	Fédération Internationale de Football Association

Hrsg.	Herausgeber
IOC	International Olympic Committee
ICC	International Cricket Committee
K.O.	Knock out
Mio.	Million
OFC	Oceania Football Confederation
RSA	Republik Südafrika
SASF	South African Soccer Federation
UEFA	United European Football Association
USD	US-Dollar
vgl.	Vergleich mit
WM	Weltmeisterschaft
WTO	Welt Tourismus Organisation
ZAR	Südafrikanischer Rand
z.vgl.	zum Vergleich

1. EINLEITUNG

1.1. Fragestellung und Intention

Eine Fußballweltmeisterschaft ist eines der größten Sportereignisse der Welt, das nur mit den Olympischen Spielen vergleichbar ist und eine besondere Herausforderung für die Organisatoren, Medien und den Staat bedeutet. Um Mega-Events wie Fußballweltmeisterschaften, Weltausstellungen oder Olympische Spiele bewerben sich immer mehr Länder oder Städte aus allen Regionen der Welt. Sie werden nicht länger vorwiegend als temporäres Ereignis, sondern zunehmend als anhaltendes Instrument der Stadtentwicklung und des wirtschaftlichen Fortschrittes wahrgenommen.

Während die Ausrichtung der Fußballweltmeisterschaft 1994 durch die USA damals noch eine kritisch gesehene historische Ausnahme von der traditionell alternierenden, auf südamerikanische und europäische Länder beschränke Ausrichtung war, ist diese Vergabepolitik mittlerweile zum festgeschriebenen Prinzip geworden. Bereits 2002 wurde mit Korea/Japan der asiatische Raum berücksichtigt, und für 2010 wurden durch das von der FIFA eingeführte Rotationsprinzip nur afrikanische Länder zur Bewerbung zugelassen.

Faktisch haben FIFA Fußballweltmeisterschaften damit eine strategische Funktion als „Türöffner" zu fußballerisch noch relativ wenig erschlossenen, aber wirtschaftlich attraktiven Märkten (USA, Japan), sowie zu Wachstums- und Entwicklungsmärkten (Korea, Afrika), übernommen.

Davon profitieren nicht nur die FIFA selbst und die Fußballwirtschaft im engeren Sinne, sondern auch verbundene ökonomische Aktivitäten wie die der WM-Sponsoren und der Gastländer.[1]

---

[1] vgl. KURSCHEIDT M., Erfassung und Bewertung der wirtschaftlichen Effekte der Fussball-WM 2006™ (Unabhängiges wissenschaftliches Gutachten), Ruhr-Universität Bochum, S.5 f.

Eine Fußballweltmeisterschaft bringt Investitionen. Stadien und Hotels müssen gebaut oder modernisiert werden, die Verkehrs- und technische Infrastruktur auf den neuesten Stand gebracht werden. Zudem strömen Scharen von Touristen in das Land – das kurbelt die Wirtschaft an und schafft Arbeitsplätze. Am 15. Juni 2004 hat das Exekutivkomitee des Fußball-Weltverbandes in Zürich die Weltmeisterschaft 2010 an Südafrika vergeben. Somit wird die Endausscheidung dieses Turniers das erste Mal auf afrikanischem Boden ausgetragen.

Südafrika verspricht sich zehn Jahre nach Einführung der Demokratie im einstigen Apartheid-Staat, einen immensen wirtschaftlichen Aufschwung und einen deutlichen Imagegewinn.

Meine Arbeit beschäftigt sich mit der Frage, inwiefern sich die Fußballweltmeisterschaft 2010 auf Südafrika auswirken wird. Dazu muss erarbeitet werden, auf welche Bereiche sich diese Auswirkungen in welchem Maße beziehen. Dabei ist zu berücksichtigen, dass die Organisation und Durchführung der WM speziell für ein Land wie Südafrika mit seiner rassendiskriminierenden Vergangenheit, sowie den sozialen und politischen Problemen heute, eine Reihe von Risiken birgt.

So versuche ich zu beurteilen, ob angesichts der Voraussetzungen des Landes, des politischen Systems und der in der offiziellen Bewerbung kalkulierten Planungen, der erhoffte Nutzen zu erzielen ist.

Da es bis zur Eröffnung der WM in Südafrika zum jetzigen Zeitpunkt noch über fünf Jahre sind, sind alle Aussagen in dieser Arbeit rein spekulativ. Auch die verwendete Literatur enthält noch keinerlei Werke, die sich explizit mit der Weltmeisterschaft in Südafrika auseinander setzen. Ich habe mit Quellen über Südafrika gearbeitet, die sich mit der Historie und der heutigen Situation des Landes und seiner Einwohner beschäftigen. Weiterhin nutze ich verschiedene sportökonomische Studien, die sich mit Analysen über die Auswirkungen von Sportgroßveranstaltungen allgemein oder mit der WM 2006 und den Effekten für Deutschland im Speziellen befassen.

Darauf basierend versuche ich in meiner Arbeit zu erfassen, welche Auswirkungen für Südafrika zu erwarten sind.

Meine persönliche Motivation, mich mit diesem Thema zu befassen, ist auf meine südafrikanische Verwandtschaft und damit auf eine gewisse Verbundenheit mit diesem Land zurückzuführen. Nach sehr intensiven Gesprächen mit der Familie in Johannesburg über die Hoffnungen und Bedenken Südafrikas in Bezug auf die WM 2010, kam mir die Idee zu dieser Diplomarbeit.

1.2. Aufbau der Arbeit

Die vorliegende Arbeit ist in sieben Kapitel gegliedert. Nach der Einleitung, die auf die Thematik und Vorgehensweise hinführen soll, beschreibe ich im zweiten Kapitel die Bedeutung einer Fußballweltmeisterschaft und die allgemeinen Auswirkungen auf die verschiedenen Bereiche.

Das dritte Kapitel beschäftigt sich mit den Besonderheiten der Republik Südafrika. Es wird auf die Politik des Apartheidsregimes und die damit verbundene internationale Ausgrenzung des Landes eingegangen. Weiterhin beschreibe ich den Weg Südafrikas aus der sportlichen Isolation, zur liberalen Sportlernation mit einer neuen Regierung.

Im vierten Kapitel versuche ich aufzuzeigen, was zum Thema „Weltmeisterschaft 2010 in Südafrika" bereits feststeht, indem ich über die Bewerbung und Vergabe der WM 2010 an Südafrika und die Organisatorischen Vorraussetzungen und Gegebenheiten schreibe.

Das fünfte Kapitel beschäftigt sich nun mit den spezifischen Auswirkungen der Weltmeisterschaft auf Südafrika, als Austragungsland.

Ich versuche alle mir wichtig erscheinenden Aspekte in einer Art sozi-
ökonomischen[2] Analyse zu berücksichtigen, indem ich die Chancen und
Risiken der jeweiligen Branche hinsichtlich der WM 2010 herausarbeite.
Mit der Schlussbetrachtung im sechsten Kapitel versuche ich die
vorangegangenen Ergebnisse kurz zusammenzufassend darzustellen und zu
reflektieren.

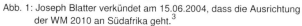

Abb. 1: Joseph Blatter verkündet am 15.06.2004, dass die Ausrichtung
der WM 2010 an Südafrika geht.[3]

---

[2] Eine sozio-ökonomische Analyse gibt Antwort auf die Frage des gesellschaftlichen und
wirtschaftlichen Nutzen einer Veranstaltung. Die Frage wird durch eine Gegenüberstellung von
Vor- und Nachteilen, in diesem Falle der WM 2010 für Südafrika, beantwortet. (vgl. RAHMANN
B., WEBER W., GROENING Y., KURSCHEIDT M., NAPP H.-G., PAULI M. (1998), Sozio-
ökonomische Analyse der Fußball-Weltmeisterschaft 2006 in Deutschland, Universität
Paderborn, Band 4, S. 13).
[3] www.fifa.com (27.10.2004), >> Vom Apartheid-Staat zum Gastgeber des FIFA Weltpokals™ -
40 Jahre südafrikanischer Sportgeschichte<<.

2 DIE FUßBALLWELTMEISTERSCHAFT ALS MEGA-EVENT

2.1. Definitorische Abgrenzung eines Mega-Events

Der Begriff Event (engl.: "Ereignis"; häufig auch im Sinne von Veranstaltung verwendet) bezeichnet in erster Linie ein meist kurz- oder mittelfristiges, natürliches oder künstliches, sehr häufig speziell inszeniertes Ereignis, das den Charakter des Einmaligen, Besonderen oder Seltenen besitzt.[4]

Zentrale Großereignisse in der Tourismus- und Freizeitwissenschaft werden als Mega[5]-, Special- und Hallmark-Events bezeichnet. Dabei versteht man unter Hallmark-Events in erster Linie regionale touristische Attraktionen, die auf die Aufmerksamkeit in einem vergleichsweise begrenzten geografischen Raum abzielen. Demgegenüber weisen Special-Events in der Regel eine überregionale bis nationale oder auch internationale Reichweite sowie Beteiligung auf, und sind eng mit einem bestimmten politischen, kulturellen oder sportlichen Veranstaltungszweck verbunden. Mega-Events stellen schließlich internationale Ereignisse mit globaler Beachtung dar, die überall auf der Welt in genau der gleichen Art und Weise, sowie nach den gleichen Regeln ausgerichtet werden können, unabhängig von dem exakten Ort, der lokalen Kultur oder dem politischen und Wirtschaftlichen System. Zu dieser exklusiven Kategorie zählen nach allgemeiner Auffassung derzeit nur vier Großveranstaltungen:[6]

---

[4] SCHURACK C. (2003), Die Bedeutung von Großveranstaltungen im Sport-Tourismus, S.50.
[5] Ursprünglich kommt der Begriff "mega" aus dem griechischen (mégas) und hat als Wortbildungselement die Bedeutung groß, Riesen (vgl. Brockhaus-Enzyklopädie (1991), S. 401)
[6] KURSCHEIDT M., Erfassung und Bewertung der wirtschaftlichen Effekte der Fussball-WM 2006™ (Unabhängiges wissenschaftliches Gutachten), Ruhr-Universität Bochum, S. 8.

⇒ Weltausstellungen, die sog. EXPO's

⇒ Olympische Winterspiele

⇒ Olympische Sommerspiele

⇒ Fußballweltmeisterschaften.

2.2. Was ist eine Fußballweltmeisterschaft?

Die Fußballweltmeisterschaft der Männer ist ein alle vier Jahre stattfindendes Fußballturnier zwischen 32 Nationalmannschaften. Es gehört, neben den Olympischen Spielen, zu den am meisten gesehenen und verfolgten Sportereignissen der Welt.

Im Vorfeld des Turniers spielen weltweit Nationalmannschaften über einen Zeitraum von zwei Jahren in kontinentalen Qualifikationsrunden die 32 Startplätze aus. Die Endausscheidung findet dann über einen Zeitraum von vier Wochen in einem (2002 in zwei, Japan und Südkorea) Austragungsland statt.

Bis zum Jahr 2002 waren jeweils der amtierende Weltmeister und die Gastgeber automatisch für die Endrunde qualifiziert. Ab 2006 muss sich auch der Weltmeister für das Turnier qualifizieren.

Im derzeitigen Modus spielen die 32 qualifizierten Mannschaften zunächst in einer Vorrunde in 8 Gruppen mit jeweils 4 Mannschaften, in der jeder gegen jeden antritt. Die Gruppeneinteilung wird von dem organisierenden internationalen Dachverband, der FIFA (Fédération Internationale de Football Association), ausgelost. Der Erst- und der Zweitplatzierte jeder Gruppe qualifiziert sich für das Achtelfinale. Ab hier wird im K.O.-System (Verlierer scheidet aus) der Weltmeister ermittelt. Die Verlierer der beiden Halbfinals spielen den dritten Platz aus.[7]

---

[7] vgl. www.wikipedia.org, Schlagwort: Fußballweltmeisterschaft.

Eine institutionelle Analyse der Eventmerkmale der Fußball-WM ergibt, dass es sich um ein für das jeweilige Ausrichtungsland einmaliges Sport-Mega-Event mit einer Sportart, vielen regional verteilten Standorten, einer relativ langen Eventdauer (ein Monat) bei abnehmender Veranstaltungsintensität und hohen Infrastrukturanforderungen handelt.[8]

2.3. Die FIFA

Die FIFA ist der Weltfußballverband und stellt die Vereinigung der nationalen Fußballverbände dar. Die FIFA wurde am 21. Mai 1904 in Paris gegründet. Die Abkürzung steht für Fédération Internationale de Football Association. Sie ist in Zürich, in der Schweiz, ansässig und hat seit 1998 Joseph S. Blatter als Präsidenten. Die FIFA organisiert unter anderem die Fußball-Weltmeisterschaften der Damen und Herren, den Konföderationen-Pokal, das Olympische Fußballturnier zusammen mit dem IOC (internationales Olympisches Komitee) und die Fußball-Junioren-Weltmeisterschaft.[9] Der FIFA sind sechs Kontinentalverbände angeschlossen: AFC (Asien), CAF (Afrika), CONMEBOL (Südamerika), CONCACAF (Nord- und Mittelamerika sowie Karibik), OFC (Australien und Ozeanien) und die UEFA (Europa). Innerhalb dieser Kontinentalverbände gibt es bis heute insgesamt 205 Nationalverbände, die in der FIFA Mitglied sind. Allein zwischen 1975 und 2002 wurden 60 Verbände aufgenommen. Die Nationalverbände werden finanziell und logistisch über verschiedene Programme der FIFA unterstützt. Sie räumt ihnen eine Anzahl attraktiver Rechte und Privilegien ein. Allerdings ergeben sich aus der Mitgliedschaft auch Verpflichtungen.

---

[8] KURSCHEIDT M., Erfassung und Bewertung der wirtschaftlichen Effekte der Fussball-WM 2006™ (Unabhängiges wissenschaftliches Gutachten), Ruhr-Universität Bochum, S. 7.
[9] vgl. Die Zeit, Das Lexikon (2005), Bd. 4, Schlagwort: FIFA.

Als FIFA-Repräsentanten in ihrem Land müssen die Nationalverbände die Ziele und Ideale der FIFA respektieren und den Sport dementsprechend verbreiten und organisieren.[10] Alle wichtigen Entscheidungen des internationalen Fußballverbandes werden vom Kongress gefällt. Bis 1998 kam er alle zwei Jahre zusammen. Mittlerweile findet dieses Treffen der weltweiten FIFA-Mitgliedschaft jährlich statt. Dieser neue Zyklus erlaubt es dem Kongress, Entscheidungen über eine ständig wachsende Zahl von Themen zu treffen. Der Kongress trifft Entscheidungen bezüglich der Statuten und der Methoden, mit denen sie eingesetzt und angewendet werden. Er segnet auch den jährlichen Bericht ab, entscheidet über die Aufnahme neuer Nationalverbände und hält Wahlen ab, vor allem die der FIFA Präsidentschaft. "Im Geiste einer wahren Demokratie hat jeder Nationalverband eine Stimme, unabhängig von seiner Größe oder Leistungsstärke im Fußball."[11]

2.4. Auswirkungen eines Mega-Events am Beispiel der Fußball-weltmeisterschaft

Sportgroßveranstaltungen wie die Fußball-WM haben beträchtliche volkswirtschaftliche Dimensionen. Die Besucher kaufen Eintrittskarten, nehmen Verkehrsleistungen in Anspruch und konsumieren Leistungen des Gaststätten- und Beherbergungsgewerbes. Die Veranstalter investieren in den Ausbau von Stadien und Verkehrswegen und stellen die Produktionsmittel für den laufenden Betrieb der Veranstaltung bereit. Fußballweltmeisterschaften sind riesige Werbeträger und die Übertragungsrechte bringen Millionen von Euro. Für die Region des Austragungslandes stellt das Event häufig eine Belastung etwa im Verkehrsaufkommen und der Umwelt dar.

---

[10] vgl. www.wikipedia.org, Schlagwort: FIFA.
[11] zit. n. FIFA, vgl. ebd.

(handwritten marginalia: "Gesellschaftl. Aspekte / Wirtschaft. / Image effekt")

Gleichzeitig hat auch eine nachhaltige Verbesserung der Infrastruktur einen positiven Effekt. Nicht zuletzt sei auf den Imagegewinn hingewiesen, der für die Region durch Berichterstattung und Tourismusaufkommen verbunden ist.[12] Entscheidend für die gesellschaftliche und wirtschaftliche Bedeutung bzw. den Wert einer Fußball-WM für das Austragungsland ist die Gesamtheit der multidimensionalen, so genannten sozio-ökonomischen Wirkungen, die teils schwer erfassbar (indirekte Effekte) und teils gut errechenbar (direkte Effekte) sind. In den nächsten Unterpunkten soll kurz zusammenfassend dargestellt werden, welche Auswirkungen eine Fußball-WM auf das Ausrichtungsland haben kann.

2.4.1 Gesellschaftliche Aspekte

Aufgrund seiner enormen Popularität weltweit und seiner Rolle als Volkssport hat der Fußball das Potential, gewisse gesellschaftliche Werte zu festigen und zu fördern. Der Fußballsport hat die Möglichkeit, mit einem internationalen Mega-Event wie der Weltmeisterschaft, gesellschaftliche Integration und Sozialisation im Kreise der aktiven Sportler, sowie der passiven Bevölkerung, zu schaffen. Soziale Mobilität im Sinne der Überwindung von Rassen- und Klassenschranken sowie Kanalisierung von Aggressionen könnten mögliche Effekte sein. Es werden Werte wie Fairness, Kooperation und Teamgeist durch den Mannschaftssport vermittelt und können langfristig zur Persönlichkeitsentfaltung, dem Aufbau von Selbstakzeptanz und Selbstvertrauen, der Identitätsfindung oder der Befriedigung individueller

[12] MEYER B., AHLERT G., (2002), Probleme der Regionalisierung volkswirtschaftlicher Einkommens- und Beschäftigungseffekte von Sportgroßveranstaltungen, in: BÜCH M.-P., MAENNING W., SCHULKE H.-J. (Hrsg.), Regional- und sportökonomische Aspekte von Sportgroßveranstaltungen, Band 11, S.83.

Bedürfnisse wie sozialer Anerkennung führen.[13] Weiterhin kann eine sportliche Veranstaltung dieser Größe durchaus politische Auswirkungen haben. Sie leistet Beiträge zur internationalen Verständigung und führt so zur politischen Entspannung sowie zur Friedenssicherung, beispielsweise durch den Abbau von Vorurteilen. Allerdings können hiermit auch gleichzeitig Risiken verbunden sein, die von Gewalttätigkeiten zwischen Zuschauergruppierungen bis zu rassistischen Übergriffen reichen können. Es ist bei einer derartigen Veranstaltung also unbedingt von Nöten, ein Zusammenwirken aller Beteiligten (Teams, Schiedsrichter, Organisatoren, Zuschauer und Politiker) im Sinne einer Begrenzung konfliktauslösender Ereignisse durchzusetzen. Auch Medien und Sponsoren müssen hier antipolarisierend mitwirken, damit vom Fußballsport und der Veranstaltung die wünschenswerten Impulse ausgehen.[14]

2.4.2 Wirtschaftliche Aspekte

Sportliche Großveranstaltungen sind ein bedeutender Wirtschaftsfaktor. Sie verfügen häufig über Budgets von vielen Millionen Euro (WM-Budget SA 2010: ca. 430 Mill. €)[15] und weisen meist einen starken direkten Bezug zur Tourismuswirtschaft auf, indem viele auswärtige Personen (Zuschauer, Athleten, Medienleute, etc.) Geld in der Veranstaltungsregion ausgeben und entsprechend Umsätze, Wertschöpfung und Arbeitsplätze generieren.

Aufgrund der engen Wechselbeziehungen zwischen Fußball, Medien und Wirtschaft können der privatwirtschaftliche Bereich sowie der Staat von den

---

[13] vgl. RAHMANN B., WEBER W., GROENING Y., KURSCHEIDT M., NAPP H.-G., PAULI M. (1998), Sozio-ökonomische Analyse der Fußball-Weltmeisterschaft 2006 in Deutschland, Universität Paderborn, Band 4, S. 15.
[14] ebd S.16 f.
[15] vgl. www.zdf.de (15.05.2004), <<Jubel in Südafrika>>.

Ausstrahlungseffekten durch die Austragung einer Fußball-Weltmeisterschaft profitieren.

Für das Austragungsland bieten sich in dieser Hinsicht vielfältige direkte und indirekte ökonomische Auswirkungen. Da wären die Konsumausgaben der Zuschauer zu nennen, die bei Hotel- und Gaststättengewerbe, bei Tankstellen, Taxiunternehmen und anderen Verkehrsbetrieben sowie im Einzelhandel für Umsatz sorgen.[16]

Investitionen in Stadienbauten bzw. -renovierungen, sowie in die technische Ausstattung und Verkehrsanbindung, bedeuten Aufträge für die Bauwirtschaft, die technischen Ausrüstungsunternehmen und die entsprechenden Zulieferer. Weiterhin stellt die Fußball-WM eine umfassende, globale Werbeplattform dar und eröffnet damit der Medien- und Werbebranche die Möglichkeit zu umfangreichen, wirtschaftlichen Aktivitäten.

Auch in ökonomischer Hinsicht muss man allerdings Risikofaktoren mit einbeziehen. Es könnte beispielsweise zu Preissteigerungen im Immobilien- und Mietbereich und damit zu vermehrter Polarisierungstendenz in ärmere und reichere Regionen kommen. Mangelnde Organisation und Störungen im Ablauf der WM würden langfristig eher negative Tourismusauswirkungen haben und ausländische Investitionen und inländische Exportchancen mindern.[17] Zudem ist das Kosten- Nutzen[18]-Verhältnis der Investitionen in Stadienbauten auf lange Sicht sehr fragwürdig, wie aus vielen Beispielen der Vergangenheit ersichtlich wird.

---

[16] ANDERS G., HARTMANN W. (1996), Wirtschaftsfaktor Sport, Band 15, S. 59.
[17] vgl. RAHMANN B., WEBER W., GROENING Y., KURSCHEIDT M., NAPP H.-G., PAULI M. (1998), Sozio-ökonomische Analyse der Fußball-Weltmeisterschaft 2006 in Deutschland, Universität Paderborn, Band 4, S. 17 f.
[18] Die Kosten-Nutzen-Analyse (KNA) ist ein Verfahren zur monetären Bewertung öffentlicher Maßnahmen mit dem Ziel, ökonomisch rationale Entscheidungen treffen zu können. Bei der KNA werden die zukünftigen Erträge und Kosten eines Projektes errechnet.(RÜRUP B., SESSELMMEIER W., ENKE M. (2002) Fischer Information & Wissen, Wirtschaftslexikon, S. 164). Sie bezieht sich in diesem Fall auf die Frage, ob die kostspielig renovierten Stadien und Trainingszentren nach der WM einen moderaten Nutzen in der Bevölkerung finden. Dieses Thema wird im fünften Kapitel noch gesondert behandelt.

2.4.3. Imageeffekte

Image ist das Vorstellungsbild, das ein Einzelner oder eine Gruppe von sich selbst (Eigenimage) oder anderen Personen, Gegenständen oder Verhältnissen hat (Fremdimage). Als komplexe Gesamtheit von Gefühlen, Einstellungen und Meinungen bewusster oder unbewusster Art ist das Image von kulturellen, sozialen und subjektiven Momenten und Vorurteilen geprägt und stellt eine stereotypisierende Vereinfachung eines objektiven Sachverhaltes dar. In der Absatzforschung bezeichnet Image das durch Werbung erzeugte Bild von einer Person oder Sache.[19]

Da es für ein Land oder eine Stadt keine bessere Werbung als eine gut organisierte, medienwirksame Großveranstaltung gibt, ist die Fußballweltmeisterschaft beinahe ein Garant für einen Imagegewinn. Und dieser steht in unmittelbarem Zusammenhang mit dem weltweit besonders stark wachsenden Tourismus.[20] Dabei ist ein persönlicher Besuch der Region während der Zeit der Event-Austragung gar nicht notwendig. Die Vermittlung objektiver Kriterien durch die Medien spielt bei der Wahl des Tourismusziels eine wesentliche Rolle. So hat sich beispielsweise der amerikanische Wintersportort Salt Lake City in Folge der Olympischen Winterspiele 2002 zu einem der bestbesuchten Skigebiete der USA entwickelt.[21] Allerdings kann man auch eine Vielzahl von Städten und Ländern beobachten, denen der Tourismusstrom aufgrund von Naturkatastrophen oder Terroranschlägen zeitweise weitgehend fernbleibt. Dementsprechend sollte der Begriff Image auch inhaltlich von dem des Bekanntheitsgrades getrennt werden, denn nicht

---

[19] vgl. dtv Brockhaus Lexikon (1984), Bd. 8, S. 249.
[20] vgl. MAENNING W., FEDDERSEN, A.(2002) , Imageeffekte von Sportgroßveranstaltungen: Möglichkeiten und Grenzen der Messung, in: BÜCH M.-P., MAENNING W., SCHULKE H.-J. (Hrsg.), Regional- und sportökonomische Aspekte von Sportgroßveranstaltungen, Band 11, S. 101.
[21] nach einer Präsentation der Firma AGSEP (Asian-German-Sport-Exchange-Programme) im Februar 2004, eigene Mitschrift während eines Praktikums bei AGSEP in Sri Lanka.

immer wird mit einer sehr bekannten Region auch das gewünschte, positive Image verbunden. Man denke dabei z.B. an Pattaya (Thailand) und die Assoziation des Sex-Images. Bei einem Mega-Event wie der Fußball-WM fällt, ob gewollt oder nicht, ein gewisses Maß an „Imageproduktion" für die Veranstaltung und die Veranstalter selbst, aber auch für die Region und andere Wirtschaftssubjekte, an.[22] Eine Aufbesserung des Images ist, wie folgende Abbildung zeigt, auch eines der wichtigsten Ziele der Städtischen Kommunikationsaktivitäten.

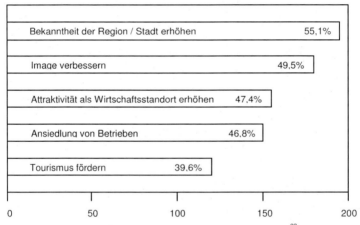

Abb. 2: Die wichtigsten Ziele städtischer Kommunikationsaktivitäten[23]

Doch nicht nur das Image der Region wird von einem sportlichen Großereignis wie der Fußball-WM beeinflusst. Ich denke, auch die Sportart selbst kann noch populärer werden. Somit kann sich für die Vereine auch mit Hilfe der verbesserten Infrastruktur im Stadienbereich eine Verbesserung der sportlichen und finanziellen Rahmenbedingungen einstellen.

---

[22] vgl. MAENNING W., FEDDERSEN, A. (2002), Imageeffekte von Sportgroßveranstaltungen: Möglichkeiten und Grenzen der Messung, in: BÜCH M.-P., MAENNING W., SCHULKE H.-J. (Hrsg.), Regional- und sportökonomische Aspekte von Sportgroßveranstaltungen, Band 11, S. 104.
[23] Eigene Darstellung in Anlehnung an TÖPFER A., MANN A. (1996), Kommunale Kommunikationspolitik, Befunde einer empirischen Analyse, S. 10.

3 DIE REPUBLIK SÜDAFRIKA

3.1. Einführung zum Standort Südafrika

Die Republik Südafrika (Republic of South Africa / RSA) liegt an der Südspitze Afrikas bei 22-35° südlicher Breite und 17-33° östlicher Länge und wird vom Atlantischen und dem Indischen Ozean umschlossen. Das Land grenzt an Namibia, Botswana, Simbabwe, Mosambik und das Swasiland. Lesotho liegt innerhalb der Grenzen Südafrikas. (s. Abb. 3)

Abb. 3: Topographie Südafrikas[24]

Südafrika hat eine Fläche von 1.219.912 km² und ist in neun Provinzen gegliedert: KwaZulu-Natal, Limpopo Provinz, Nordkap, Nordwest Provinz, Freistaat, Ostkap, Mpumalanga, Gauteng und Westkap. Das Klima ist durch die Lage am südlichen Wendekreis subtropisch, überwiegend sonnig und trocken.

---

[24] vgl. www.wikipedia.org, Schlagwort: Südafrika.

Das Land zählt 46.400.000 (Stand 2003) Einwohner und kommt in ihrer Bevölkerungsdichte auf 37 Einwohner pro km².[25] Sie setzen sich zusammen aus 30,6 Mio. Schwarzen verschiedener Kulturen, 5 Mio. Weißen (englischsprachig und afrikaanssprachig), 3,4 Mio. Farbigen und 1 Mio. Asiaten. Dabei ist der eher trockene Westen dünner besiedelt als der Osten. Die großen Ballungsräume sind Johannesburg, Pretoria, Durban und Kapstadt, hier leben über ein Drittel aller Einwohner.[26] Etwa zwei Drittel der Bevölkerung sind Christen, des weiteren gibt es Anhänger verschiedener Stammesreligionen, wie Muslime (ca. 2 %) und Hindus (1,5 %). Es gibt elf offizielle Amtssprachen. Die offizielle Währung ist der südafrikanische Rand (ZAR; 100 Cent = 1 Rand).

Südafrika ist seit 1961 offiziell Republik, die ersten demokratischen Wahlen fanden aber erst nach dem Ende der Apartheid[27] im April 1994 statt. Bis Anfang der 90er Jahre stand Südafrika unter der Herrschaft der international geächteten Apartheid. Der Präsident ist sowohl Staatsoberhaupt als auch Regierungschef und wird alle fünf Jahre durch die Nationalversammlung gewählt. Seit der Demokratisierung Südafrikas übten das Amt Nelson Mandela (1994-1999) und Thabo Mbeki (derzeitiger Staatschef seit 1999) aus.[28] Beide sind Angehörige der 1912 gegründeten Partei und ehemaligen Anti-Apartheidsbewegung African National Congress (Afrikanischer Nationalkongress - ANC).

3.1.1. Die wirtschaftliche Situation Südafrikas

Südafrika hat sich nach dem Zweiten Weltkrieg zunehmend vom Agrar- zum modernen Industriestaat gewandelt.

---

[25] ebd.
[26] vgl. www.suedafrika-guide.de, >>Wirtschaft<<.
[27] (afrikaans>Trennung<) Von der Nationalen Partei getragene Politik der getrennten Entwicklung weißer, schwarzer und farbiger Bevölkerungsgruppen(1948-94). Für nähere Ausführungen zum Apartheidsregime, s. 3.2..
[28] vgl. www.wikipedia.org, Schlagwort: Präsident der Republik Südafrika.

Das Land ist heute in der Lage, eine breite Palette von Konsum- und Investitionsgütern zu produzieren, und erwirtschaftet rund ein Fünftel des Brutto-Inlandsprodukts des gesamten afrikanischen Kontinents.[29] Weiterhin ist das Land reich an Bodenschätzen. Südafrika ist der weltweit größte Lieferant für Gold, Platin und Chrom. Rund 50% der Elektrizität, 40% der Industrieproduktion und 45% des Bergbaus des gesamten Kontinents liegen in Südafrika.[30] Der Beitrag der verschiedenen Wirtschaftssektoren zum Bruttosozialprodukt liegt bei 64 % durch den Dienstleistungssektor, 32 % durch die Industrie, wozu heute auch eine entwickelte Autoindustrie zählt, und nur 4 % kommen aus der Landwirtschaft. Das Bruttosozialprodukt betrug 115 Mrd. Euro und war damit das höchste aller afrikanischen Staaten.[31]

Abb. 4: Hauptexporte Südafrikas 1996 in Mio. ZAR (1 EUR = 8.0401 ZAR, nach Europäischer Zentralbank, Kurs vom 18.03.2005) [32]

---

[29] vgl. www.suedafrika.net, >>Südafrikas Wirtschaft<<.
[30] vgl. www.suedafrika-guide.de, >>Wirtschaft<<.
[31] www.wikipedia.org, Schlagwort: Südafrika.
[32] www.suedafrika.net, >>Südafrikas Wirtschaft<<.

Präsident Thabo Mbeki wies im November 2002 während einer Ansprache vor dem Nationalrat der Provinzen auf verschiedene günstige Entwicklungen in Südafrika hin:

„Südafrika hat auch weiterhin ein positives Wirtschaftswachstum zu verzeichnen, und der Lebensstandard ist zwischen 1994 und 2001 deutlich gestiegen, wie unabhängige Untersuchungen zeigen. Die Anzahl der Menschen in Südafrika, die weniger als 2 500 Rand im Monat verdienen, nimmt beständig ab, während gleichzeitig immer mehr Personen Einkommen zwischen 2500 Rand und über 6000 Rand im Monat zur Verfügung haben."[33]

Leider gibt es jedoch nach wie vor ein starkes Gefälle in Lebensstandard, Lebensweise und Berufschancen in der Bevölkerung. Große Armut und eine Arbeitslosenquote von über 30 % stehen der erfolgreichen Wirtschaft Südafrikas gegenüber.

3.1.2. Die Rolle des Tourismus in Südafrika

Der Tourismus ist der am schnellsten wachsende Industriezweig Südafrikas und macht 4,9% des Bruttoinlandprodukts aus. Die internationalen Besucherzahlen sind zwischen 1994 und 2001 rapide angestiegen. Im Jahr 2001 haben trotz der globalen Stagnation Besuche von anderen Kontinenten weiterhin um 2,7% zugenommen. Dieses Wachstum ist zum großen Teil eine Folge der Werbekampagnen in den Niederlanden, Frankreich, den Vereinigten Staaten, Großbritannien und Deutschland. Speziell die europäischen Reisebüros haben im Laufe der Jahre in der Organisation von Pauschalreisen einen lukrativen Markt entdeckt.

---

[33] zit. n. MBEKI T. (2002), aus: Bulletin der Botschaft der Republik Südafrika 21. Januar 2003, Batho Pele, S. 1.

Aufgrund der großen Fläche Südafrikas umfasst das geographische Angebot des Landes eine Vielzahl verschiedener Anziehungsfaktoren.[34] Von der kargen Halbwüstenlandschaft über Hochgebirgslandschaft bis hin zu subtropischer Vegetation und Badestränden, bietet sich dem Besucher eine Vielfalt von Landschaftsformen, welche die Grundlage der bekanntesten touristischen Attraktionen darstellt. So ist beispielsweise der 1889 gegründete Krüger Nationalpark zum Synonym für den Schutz von Flora und Fauna Afrikas geworden. Auf einer Grundfläche von der Größe des Staatsgebietes Belgiens leben hier in der typischen Buschsavanne zahlreiche geschützte Tierarten des südlichen Afrikas. Darüber hinaus ist die Region Kapstadt mit seinen Weinländereien und dem 1000m hohen Tafelberg im äußersten Südwesten des Landes ein weiterer touristischer Anziehungspunkt.

Die Reiseveranstalter reagieren mit mehrwöchigen, gut durchorganisierten Rundreisen, deren wirtschaftliche Auswirkungen sich in Südafrika deutlich bemerkbar machen. So wird mittlerweile davon ausgegangen, dass über 3 % der Angestellten aus der Tourismusbranche kommen. [35]

"Im Juni 2002 hat der damalige Umwelt- und Tourismusminister Valli Moosa mitgeteilt, dass Besuche ausländischer Touristen in den ersten vier Monaten des Jahres um 7,6% - im Vergleich zu dem gleichen Zeitraum im Vorjahr - zugenommen haben und damit auf 2,1 Millionen angestiegen sind. Die Zahl der Besucher aus Übersee von Januar bis April 2002 ist um 13,4% (69 428), auf 58 9168 angestiegen, während die Zahl der Besucher vom afrikanischen Kontinent auf 1,4 Millionen angestiegen ist (ein Anstieg um 5,3% im Vergleich zu dem gleichen Zeitraum im Vorjahr)."[36]

---

[34] vgl. LUFT H. (2001), Organisation und Vermarktung von Tourismusorten und Tourismusregionen: Destination Management, S. 21.
[35] vgl. www.wikipedia.org, die freie Enzyklopädie; Südafrika.
[36] www.suedafrika.org, >> home<<.

Zusammenfassend kann man feststellen, dass Südafrika mit dem Tourismus einen sehr wichtigen Wirtschaftszweig aufgebaut hat, der neben einer hohen Anzahl neu geschaffener Arbeitsstellen auch einen großen Anteil am Bruttoinlandsprodukt hat.

3.1.3. Die Probleme des Landes

Bis zur Freilassung Nelson Mandelas[37] im Jahre 1990 und den ersten freien Wahlen 1994 wurde Südafrika nicht als Urlaubsdestination gesehen, sondern war vielmehr für das herrschende System der Apartheid berüchtigt. In der Weltpresse erschien Südafrika bis dahin von den meisten westlichen Staaten als gesellschaftlich und wirtschaftlich vollkommen boykottiertes Land, in dem politische Unruhen und Aufstände in Arbeitersiedlungen wie Soweto (South Western Township)[38] an der Tagesordnung waren. Erst als Frederick de Klerk 1989 als Staatspräsident die Nachfolge Willem Bothas antritt, wird von ihm das Ende der Apartheid als Ziel seiner Politik deklariert. Trotz der seitdem deutlich zu erkennenden Aufwärtstendenz in Südafrika gibt es immer noch immense soziale Probleme. So leben nach wie vor Erste und Dritte Welt unmittelbar nebeneinander in einem Staat, wodurch soziale Konflikte förmlich vorprogrammiert sind.

---

[37] 1964 wurde Mandela nach mehreren Gefängnisstrafen erneut verurteilt, diesmal zu lebenslanger Haft wegen Planung bewaffneten Kampfes. 1990 wurde er aufgrund einer starken Kampagne des ANC und immensem internationalem Druck freigelassen. 1994 wurde Mandela zum ersten schwarzen Präsidenten Südafrikas gewählt.

[38] Soweto ist eine Vorstadt im Südwesten der südafrikanischen Wirtschaftsmetropole Johannesburg in der Provinz Gauteng. Während der Apartheid diente Soweto als Township zur Unterbringung der schwarzen Bevölkerung. 2001 lebten in Soweto 896.995 Menschen, 2004 bereits 2-3 Millionen.(vgl. www.hochschulstellenmarkt.de, >>Soweto<<).

Die hohe Arbeitslosigkeit und die damit verbundene Perspektivlosigkeit führen zu ständig wachsender Kriminalität und Gewaltanwendung, insbesondere unter Jugendlichen. Die Armut in Südafrika betrifft überwiegend Schwarze und Farbige, die in ländlichen Gegenden oder den Townships leben. Besonders die arme Bevölkerung, die im Umfeld der großen Metropolen lebt, wird als Problem empfunden, da sie durch die fehlende soziale Einbindung als gewaltbereiter gelten.

Schlimmer noch als die von Armut getriebene Kriminalität ist die Gewalt als Folge von Bandenkriegen in den Townships.[39]

Das vorherrschende Thema und das größte Problem Südafrikas ist jedoch die rasante Ausbreitung von HIV/Aids[40] und die damit verbundenen Folgen für alle Lebensbereiche der Gesellschaft. In Südafrika sind schätzungsweise 5 Mio. Menschen, und somit jeder zehnte, mit HIV infiziert.[41]

HIV/Aids ist in Südafrika ein relativ neues Problem. Während der Apartheid verschwiegen, zum Zeitpunkt der Wende zur Demokratie nicht beachtet, offenbart sich in Teilen des Landes ein Desaster größten Ausmaßes. Und Im Gegensatz zu Deutschland ist die Neuinfektionsrate mit dem HI-Virus und die Rate der Erkrankungen an Aids in Südafrika stark ansteigend.

Aufklärung und Beratung der Bevölkerung zeigen in vielen Teilen noch keine nachhaltige Wirkung.

Auch ist der südafrikanische Staat an vielen Stellen überfordert. So können die meisten medizinischen Versorgungen im Erkrankungsfall, aber auch in der Prophylaxe, im Gesundheitswesen nicht geleistet werden.

---

[39] vgl. www.misereor.de, >> Südafrika<<.
[40] HIV (**H**umanes **I**mmundefekt **V**irus) ist ein Virus, das vor allem die Zellen des Abwehrsystems befällt. Es vermehrt sich in ihnen, setzt sie außer Funktion und zerstört sie schließlich.(vgl. www.nkosi.de, >>Was ist HIV/Aids?<<).
[41] vgl. www.nangu-thina.de, >>Aids in Südafrika<<.

3.2. Das Apartheidsregime

Der Konflikt der Rassen im südlichen Afrika geht bis in die Anfänge des Kolonialismus zurück. Eine gesetzliche Reglung jedoch wurde erst 1948 durch die nationalistischen Buren (Neue Nationale Partei-NNP) eingeführt. Jeder Südafrikaner wurde einer Rasse zugeordnet und einem bestimmten Wohngebiet zugewiesen (Population Registration Act). Die Weissen besaßen alle politischen, sozialen und kulturellen Privilegien. In öffentlichen Einrichtungen herrschte ab sofort strikte Rassentrennung. Zur räumlichen Abgrenzung entstanden, vor allem im Bereich der großen Städte, die Townships, und auf Gesamtebene die so genannten Homelands als Siedlungen der Bantubevölkerung.[42]

Der erbitterte Kampf gegen das Apartheidsregime wurde zum größten Teil von dem Afrikanischen Nationalkongress getragen, der 1960 verboten wurde. Erst Präsident Frederik W. de Klerk leitete 1990 durch Gespräche mit dem kürzlich wieder zugelassenen ANC eine vorsichtige Abkehr vom Apartheidsregime von Seiten der Regierung ein. So wurde 1990 die Apartheid in öffentlichen Einrichtungen und 1991 die Rassentrennung in Wohngebieten aufgehoben. 1994 errang der ANC bei den ersten freien Wahlen nach Abschaffung der Apartheid 62,6 % der Wählerstimmen und übernahmen mit seinen neuen Präsidenten Nelson Mandela die Macht. 2004 gab die NNP ihre Fusion mit dem ANC bekannt und soll noch bis Ende 2005 aufgelöst werden.[43]

---

[42] Bantu ist die zusammenfassende Bezeichnung für die Völker und Stämme im südlichen und zentralen Afrika, die eine Bantusprache sprechen (Ambo, Herero, Kikuyu, Kongo, Twana, Xhosa, Zulu). (vgl. Die Zeit, Das Lexikon (2005), Band 1, Schlagwort: Bantu).
[43] Die Zeit, Das Lexikon (2005), Band 1, Schlagwörter: Apartheid, African National Congress.

3.2.1. Der südafrikanische Sport während der Apartheid

Der neuzeitliche Sport ist, seit seiner Einführung im 19. Jahrhundert, in Südafrika nach Rassen getrennt gewesen. Es grenzten sich deutlich die Sportarten der englischen Soldaten und Siedler von denen der farbigen Bevölkerung ab.

Die Rassentrennung im Sport war also keineswegs Inhalt der von der National Party verabschiedeten Apartheidsgesetze. Die Gesellschaft des Vielvölkerstaates Südafrika war schon seit seinen Anfängen geteilt, und der Bereich des Sportes machte da keine Ausnahme.[44]

Aber auch der Sport ist von den politischen Verhältnissen des Landes abhängig, und damit auch von der Apartheidpolitik betroffen gewesen.

Aktiv eingegriffen wurde jedoch erst ab Mitte der 50er Jahre, da sich sowohl innerhalb Südafrikas, als auch auf internationaler Ebene, Widerstand gegen die ausschließliche Repräsentation Südafrikas durch weiße Sportler einstellte.

Als dann Anfang der 60er Jahre schwarze Bevölkerungsgruppen damit begannen, gemischt-rassische Verbände zu gründen, wurde von Seiten der Regierung ein Alleinvertretungsanspruch der weißen Verbände in den internationalen Sportorganisationen eingeführt.[45]

Dieser Beschluss bedeutete einen schweren Verstoß gegen die erste Olympische Regel, welche die Diskriminierung eines Sportlers aufgrund seiner Rasse, Religion oder politischen Gesinnung verbietet. Die Folge war ein internationaler Sportboykott und der Ausschluss aus der Olympischen Bewegung 1970 seitens des IOC.[46] Auch die FIFA reagierte und suspendierte die seit 1952 angeschlossene FASA (Football Association of South Africa)[47] im Jahre 1961 bis auf weiteres von der Tätigkeit im internationalen Verband.

---

[44] vgl. KRUMPHOLZ A., (1991), Apartheid und Sport, Europarecht-Völkerrecht; Bd. 41, S. 7.
[45] ebd, S.10.
[46] SCHLOSSHAN A., (1992), Sport und Apartheid, Geschichte und Problematik der Rassendiskriminierung im Sport in der Republik Südafrika, S. 16.
[47] FASA steht für den 1892 gegründeten Verband der Weißen. Der Gegenverband SASF (South African Soccer Federation) der Schwarzen wurde 1952 gegründet.

Da die SASF (South African Soccer Federation) auch nicht der FIFA angeschlossen war, durfte Südafrika weder ausländische Mannschaften, welche der FIFA angeschlossen waren, einladen, noch im Ausland gegen solche antreten.[48] Da die FASA in den nächsten Jahren der FIFA sämtliche Bemühungen, den antirassistischen Forderungen nachzukommen, nur vorspielte, wurde Südafrika 1976 endgültig aus der FIFA ausgeschlossen. Wie auch der IOC wollte die FIFA in den kommenden Jahren solange keinen südafrikanischen Verband mehr aufnehmen, wie die Regierung an dem Apartheidsregime festhält.[49] Weiterhin fordert die FIFA einen repräsentativen Verband für alle Fußballorganisationen des Landes.

3.2.2. Der südafrikanische Sport nach der Apartheid

Erst die seit 1991 amtierende Regierung de Klerks steuerte einem entschiedenen Reformkurs entgegen und erreichte bereits 1991 eine partielle Aufhebung vieler auf Südafrika lastender Boykottmaßnahmen.

So wurde Südafrika am 9. Juli 1991 vom IOC für die Olympischen Spiele wieder zugelassen und direkt zu den Sommerspielen 1992 in Barcelona eingeladen. Der 9. Juli wurde in Südafrika sogleich zu einem Feiertag erhoben.[50]

Die Commonwealth-Konferenz[51] in Harare[52] im Oktober 1991 brachte dem südafrikanischen Sport einen weiteren wichtigen Durchbruch. Die Vertreter der

---

[48] SCHLOSSHAN A., (1992), Sport und Apartheid, Geschichte und Problematik der Rassendiskriminierung im Sport in der Republik Südafrika, S. 325 ff.

[49] vgl. KRUMPHOLZ A., (1991), Apartheid und Sport, Europarecht-Völkerrecht; Bd. 41, S. 176.

[50] vgl. SCHLOSSHAN A., (1992), Sport und Apartheid, Geschichte und Problematik der Rassendiskriminierung im Sport in der Republik Südafrika, S. 396.

[51] "Commonwealth of Nations" ist die offizielle Bezeichnung für eine Staatengemeinschaft, die aus dem früheren Kolonialreich hervorgegangen ist. In Zweijahresabständen finden Commonwealth-Konferenzen statt, die der Klärung gemeinsamer Probleme dienen. (Die Zeit, Das Lexikon (2005), Band 3, Schlagwort: Commonwealth of Nations)

[52] bis 1982 Salisbury, Hauptstadt von Simbabwe.

Mitgliedstaaten beschlossen einstimmig die Aufhebung der Beschränkungen für Sport, Kultur, Wissenschaft und Tourismus.[53]

Als Folge dieses Treffens hatte auch der Internationale Cricket-Verband ICC Südafrika wieder als Mitglied aufgenommen und für den nächsten Welt-Cup 1992 in Australien und Neuseeland zugelassen.

Schließlich ließ sich auch die FIFA erweichen, und es war ausgerechnet der frühere brasilianische FIFA-Präsident Joao Havelange, der in 70er Jahren für den vollständigen Ausschluss Südafrikas sorgte, der im April 1992 als Vertreter der FIFA Johannesburg besuchte.

Die Freilassung Nelson Mandelas aus dem Gefängnis und die Aufnahme von Verhandlungen auf dem Weg zu einer neuen Regierung für das Land waren für die FIFA Anlass genug, Südafrika wieder in die Weltsportgemeinschaft zurück zu holen. Jetzt wird das Land seit 1994 von einem ganz neuen, nicht rassistischen Verband repräsentiert, der "South African Football Association" (SAFA).[54] Sie vertritt die Interessen aller ethnischen Gruppierungen.

3.3. Die Bedeutung des Sports für Südafrika

„ South Africans, more than most other nations, have always been sports orientated, partly because of their sunshine and favourable climate, partly because they are descendants of adventurous pioneers of warning migratory tribes and partly because of the strong influence which Victorian England, the birthplace of modern sport, has had on the country's history." [55]

---

[53] Frankfurter Rundschau (23.10.1991), >>Südafrika-Embargo gelockert<<, S.2.
[54] vgl. www.fifa.com, (27.10.2004), >>Vom Apartheid-Staat zum Gastgeber des FIFA Weltpokals™ - 40 Jahre südafrikanischer Sportgeschichte<<.
[55] zit. n. LECK N. (1977), South African Sport, Cape Town: Macdonald South Africa, S.3.
Eigene Übersetzung: [Süd Afrikaner sind schon immer etwas mehr sportlich orientiert, als andere Nationen. Teilweise bedingt durch den Sonnenschein und das gefällige Klima, teilweise weil sie Nachkommen von abenteuerlustigen wandernden Stämmen und teilweise aufgrund des starken Einflusses den das Victorianische England, der Geburtsort des modernen Sports, auf die Geschichte des Landes ausübte.]

Südafrika ist schon immer eine Sportnation gewesen. Außer dem Wassersport, Boxen, Tennis, Reiten und Klettern wird hier vor allem den Hauptsportarten Rugby, Cricket und Fußball eine besondere Bedeutung beigemessen. So gibt es neben vielen exzellenten Golfplätzen und Reitanlagen auch riesige Sportanlagen, die in der Regel zwischen 40.000 und 70.000 Besucher aufnehmen.[56]

3.3.1. Der Fußballsport in Südafrika

Der Fußball ist in Südafrika ein Volkssport, war aber traditionell eher eine Domäne der Schwarzen Bevölkerung. Die Weißen Südafrikaner begeisterten sich immer mehr für Rugby und Cricket.

Den Fußball brachten um 1860 Britische Siedler nach Südafrika. Zuerst in die Provinzen nach Port Elizabeth und Kapstadt. Begünstigt wurde die Entwicklung des Fußballsports durch die in Südafrika stationierten britischen Soldaten. Der erste Club, Pietermaritzburg County FC, wurde 1879 gegründet.

Am 17. Juni 1882 gründeten vier Vereine den Fußballverband von Natal (Natal Football Association). Dieser war, mit dem ebenfalls in diesem Jahr gegründeten Fußballverband von New South Wales (Australien), der erste Fußballverband, der außerhalb von Großbritannien gegründet wurde.[57]

1892 wurde der erste große Dachverband, der südafrikanische Fußballverband (South African Football Association-SAFA) gegründet. Im Jahr 1896 waren alle südafrikanischen Provinzen mit ihren Verbänden Mitglied in der SAFA. Der Verband, in dem nur Weiße vertreten sein durften, wurde Mitglied des englischen Fußballverbandes. Als 1910 die Südafrikanische Union gegründet wurde, wurde die SAFA eigenständiges Mitglied der FIFA. Diese Mitgliedschaft dauerte bis 1926.

---

[56] vgl. www.geschichte-suedafrika.de, >>Sport in Südafrika<<.
[57] www.wikipedia.org, Schlagwort: Fußball in Südafrika.

Zu dieser Zeit war der britische Protest gegen die FIFA-Politik der Grund, aus dem alle britischen Verbände aus der FIFA austraten. 1952 kehrte Südafrika wieder in die FIFA zurück, wurde aber, wie schon in Punkt 3.2.1. erwähnt, 1976 endgültig wegen der Apartheid ausgeschlossen. Erst 1992 wurde Südafrika wieder in die FIFA aufgenommen und 1994 die Fusion der beiden „weißen" und „schwarzen" Verbände (SAFA) offiziell vorgenommen.

Heute gibt es landesweit 524 700 registrierte Fußballspieler in 1500 Clubs.[58]

Seit 1996 und den vorangegangenen Problemen mit den Apartheidsgesetzen spielen die besten Vereine in der NSL Castle[59] Premiership. Zurzeit spielen sechzehn Mannschaften in dieser höchsten Spielklasse. Die darunter liegende First Division ist zweigeteilt und besteht aus Coastal Stream (Küstenbereich) und Inland Stream (Inländischer Bereich). Die dritte Klasse, die Second Division (SAFA Vodacom Promotional League), ist in neun regionale Ligen unterteilt. Die Third Division (SAFA Castle Regional League) wird in 25 regionalen Ligen gespielt. Darunter gibt es dann noch die Fourth Division, die Ihre Meisterschaften in den jeweiligen Distrikten ausspielen.[60]

Seit 1993 nehmen die Vereinsmannschaften Südafrikas an den internationalen Clubwettbewerben des Afrikanischen Fußballverbandes (Conféderation Africaine de Football/CAF) teil.

1995 konnten die Orlando Pirates die Afrika Champions League und den Afrika-Supercup gewinnen. 2001 wurden die Kaizer Chiefs Sieger im Afrikacup der Pokalsieger. Beides sind Mannschaften aus dem Großraum Johannesburg.

---

[58] vgl. www.eurosport.de, >>WM 2010 in Südafrika<<.
[59] "Castle Lager" ist das berühmteste Bier Südafrikas.
[60] vgl. www.wikipedia.org, Schlagwort: Fußball in Südafrika.

3.3.2. Die Fußball-Nationalmannschaft Südafrikas

Das erste offizielle Länderspiel Südafrikas fand am 2. November 1924 in Amsterdam gegen die Niederlande statt. Nach dem Ende der Apartheid und der erneuten Mitgliedschaft in der FIFA kam es am 7. Juli 1992 zum Neustart der südafrikanischen Nationalmannschaft, die von ihren Landsleuten "Bafana-Bafana"[61] gerufen wird. In Durban wurde Kamerun mit 1:0 besiegt. Die südafrikanische Nationalmannschaft gehört zu den spielstärksten des Kontinents. Die internationalen Erfolge, die in der kurzen Zeit des Neuaufbaus errungen werden konnten, sind beeindruckend:

⇒ 1996 Afrika-Meister

⇒ 1998 Teilnahme an der WM-Endrunde in Frankreich (als eines von fünf afrikanischen Teams)

⇒ 2000 Teilnahme an den Olympischen Spielen

⇒ 2002 Teilnahme an der WM-Endrunde in Japan/Korea (als eines von fünf afrikanischen Teams)

⇒ 2002 COSAFA-Cup-Sieger (Meisterschaft der Confederation of Southern African Football Associations) [62]

1996 veranstaltete Südafrika, begierig darauf, sein Können der ganzen Welt zu zeigen, den Afrikanischen Nationen-Pokal. Mit Jomo Sono, dem besten südafrikanischen Spieler aller Zeiten, schlug die Mannschaft alle Gegner und holte zum ersten Mal den Titel ins Land. In diesem Jahr erreichte Südafrika mit Platz 16 die bisher höchste Position der FIFA-Rangliste der Fußball-Nationalmannschaften.

---

[61] "Bafana Bafana" lautet der Spitzname der Mannschaft und ist auch gleichzeitig Schlachtruf. Dies ist der Zulu-Ausdruck für "Grüner Junge". Der Begriff wurde anlässlich des Länderspiels gegen Kamerun 1992 vom Journalisten S'bu Mseleku, geprägt. Er spielte damit auf die Unerfahrenheit des damaligen Teams an. (www.wikipedia.org, Schlagwort: Fußball in Südafrika).
[62] vgl. ebd.

Bei der nächsten Afrika-Meisterschaft 1998 in Burkina Faso belegte Südafrika den zweiten Platz. Im selben Jahr, sechs Jahre nach der Rückkehr in das internationale Fußballgeschehen, spielte Südafrika bei der Endausscheidung der FIFA-Weltmeisterschaft 1998 in Frankreich mit. Obwohl kein einziger Sieg gelang, waren doch ein ungemeiner Imagegewinn und die Aufmerksamkeit der Weltöffentlichkeit erlangt. Nachdem man nur wenige Monate vor Beginn der WM 2002 in Korea/Japan Trainer Carlos Queiroz entlassen hatte, übernahm Jomo Sono die Betreuung der Mannschaft beim Turnier in Fernost, der einzige Mann, der je einen internationalen Titel mit Südafrika gewann.[63]

Hier war die "Bafana-Bafana" mit einem Sieg über Slowenien und einem Unentschieden gegen Paraguay trotzdem nicht über die Vorrunde hinaus gekommen.

Kurz vor dem Afrikanischen Nationen-Pokal 2004 hat es in Südafrika noch eine Umbesetzung auf dem Posten des Nationaltrainers gegeben, durch die sich der Erfolg allerdings auch nicht einstellte. Südafrika musste schon nach der Vorrunde des Turniers in Tunesien die Koffer packen und der glücklose Interimstrainer April Phumo folglich seinen Stuhl räumen. Seinen Platz hat nun der Engländer Stuart Baxter eingenommen.

Baxter wird die Südafrikaner in den Qualifikationsspielen zur Fußballweltmeisterschaft in Deutschland 2006 betreuen.[64]

Jedoch konnte das Team auch in dieser Qualifikation noch nicht vollends überzeugen. Zwar ist man noch knapp an der Spitze der zweiten von fünf afrikanischen Gruppen, aber es qualifiziert sich jeweils nur der Gruppensieger, und als letztes gab es zwei Auswärtsniederlagen gegen Ghana und die Demokratische Republik Kongo.

Baxter will langfristig planen, denn das Hauptziel sei selbstverständlich, sich im eignen Lande 2010 den Titel zu holen.

---

[63] vgl. www.yahoo.com, >>Südafrika (RSA)<<.
[64] www.yahoo.com, >> Südafrika hofft auf dritte Endrunden-Teilnahme in Folge<<.

So setzt er zunehmend auf junge Spieler, die bis 2010 zu einer hochprofessionellen Mannschaft zusammengewachsen sein soll.[65] Wenn aber für diesen Langzeitplan die Teilnahme an der WM in Deutschland geopfert würde, wäre das ein herber Rückschlag für den südafrikanischen Fußballsport und für das Image Südafrikas als Ausrichter der WM-Endrunde 2010.

4. DIE FUßBALLWELTMEISTERSCHAFT 2010 IN SÜDAFRIKA

4.1. Bewerbung und Vergabe des "Zuschlages"

Nach dem politischen Umbruch wird der neugegründete Fußballverband SAFA offiziell mit folgenden Aufgaben betraut:

⇒ Entwicklungsarbeit im Bereich des Fußballs durch unterstützende Initiativen bezüglich Infrastruktur und Training.

⇒ Etablierung des eigenen Ansehens als progressive und innovative Institution.

⇒ Herstellung positiv geprägter gegenseitiger Beziehungen zum Rest der Welt.

⇒ Beitrag zum besseren Einfluss Afrikas im Weltfußball durch die Austragung von großen Veranstaltungen.

⇒ Entwicklung zu einer führenden Fußballnation.[66]

---

[65] Nach Information des südafrikanischen Sportjournalisten Sy Lerman (Citizen) am 11.02.2005.
[66] South African Football Association (Hrsg.), (Johannesburg 1999) South Africa 2006: Africa`s Call, S.31.

Diese Aufgaben bedeuten für die SAFA und die Regierung Südafrikas viel Arbeit. Dennoch sind diese Forderungen keineswegs utopisch. Südafrika hat bereits durch den riesigen Tourismussektor einen gewissen Status in der Welt erreicht. Die Infrastruktur des Landes ist sehr modern, und die internationale Anbindung durch Flug- und Seehäfen ist fortschrittlich. Außerdem ist Fußball der nationale Sport und die Leidenschaft des Landes. Millionen von Fans unterstützen die lokalen Fußballvereine und die Nationalmannschaft bei ihren Spielen. „Fußball ist verflochten mit dem Leben der Menschen, er ist der Herzschlag, er ist *das* Spiel."

Und genau mit diesen Sätzen wirbt die Republik Südafrika nur kurz nach der Wiederaufnahme im Weltfußballverband explizit für ihr Land als Austragungsort der Fußballweltmeisterschaft 2006.[67]

Die Tatsache, dass Südafrika den "bid 2006"[68] so denkbar knapp, mit nur einer Stimme Unterschied (11:12) gegen Deutschland verliert, schürt den Kampf um dieses Mega-Event zum nächst möglichen Termin um so mehr.

Und als das FIFA Exekutiv-Komitee am 3. August 2000 die Prinzipien zur Vergabe der Ausrichtungsorte ändert und ein Rotationsprinzip einführt, wird beschlossen, dass die Rotation in Afrika beginnen soll. Dem Kontinent, auf dem noch nie eine Fußball-WM ausgetragen wurde.

Spätestens jetzt ist der Bewerbungskommission Südafrikas und deren Leiter Danny Jordaan klar, dass diese Chance genutzt werden muss. Schließlich ergäbe sich die nächste Möglichkeit aufgrund des Rotationsprinzips der Kontinente erst wieder im Jahre 2030.

„Damals brach es uns das Herz, aber wir gingen unseren Weg tapfer weiter. Doch eine erneute Niederlage wäre ein enormer Rückschlag. Ein Zuschlag wäre das größte Geschenk, das uns die FIFA im zehnten Jahr unserer Demokratie machen könnte", meinte Danny Jordaan.

---

[67] ebd, S.39.
[68]"bid" bedeutet in diesem Zusammenhang soviel wie "Bewerbung", womit in diesem Fall die Bewerbung zur Ausrichtung der Fußball-WM gemeint ist. Auch im offiziellen Logo wirbt Südafrika mit "South Africa bid 2010".

Sieben Jahre kämpft Südafrika nunmehr um die WM und hat 193 Millionen Rand (24,1 Mio Euro) dabei ausgegeben.[69] So kommt es, dass Südafrika als erster aller potentiellen Bewerber sein Interesse bekundet, und am 30. September 2003 eine exzellente Bewerbungspräsentation im FIFA-Hauptquartier in Zürich abliefert.[70] Auch nach dem Inspektionsbesuch der FIFA vom 30. Oktober bis zum 5. November 2003 zeigt sich die Gruppe begeistert, so dass die allgemeine Zusammenfassung über die Bewerbung Südafrikas im offiziellen Inspektionsbericht durchweg positiv ausfällt:

„Mit einer Vergabe der FIFA Fußball-Weltmeisterschaft 2010 an Südafrika würde die Einheit unter den ethnischen Gruppen, die während Jahren sowohl sozial und kulturell, als auch sportlich getrennt waren, wesentlich gestärkt. Südafrika bietet zudem eine Vielzahl kultureller Sehenswürdigkeiten, die Touristen aus der ganzen Welt anziehen. Die Trümpfe des WM-Projekts, das der Inspektionsgruppe präsentiert wurde, sind die im Allgemeinen hervorragende Infrastruktur sowie das klare, ausführliche und solide Konzept, was Verlässlichkeit gewährleistet. Bemerkenswert ist auch die starke Unterstützung durch die Regierung. Die Bewohner Südafrikas sind äußerst fußballbegeistert und zeigen ihre Vorfreude auf eine mögliche FIFA Fußball-Weltmeisterschaft in ihrem Land ganz offen und spontan. Die Investitionen, die für die FIFA Fußball-Weltmeisterschaft 2010 getätigt werden müssten, würden entscheidend zur Entwicklung des Landes beitragen. Trotz gewisser Fragezeichen bezüglich der Sicherheit ist die Inspektionsgruppe der Meinung, dass Südafrika das Potenzial hat, eine großartige WM durchzuführen."[71]

[69] vgl. www.fussball24.de, >>Südafrika schon im WM-Fieber<<.
[70] vgl. www.southafrica2010.org , >>Inspection Group Report fort the 2010 FIFA World Cup™<<, S. 7.
[71] eigene Übersetzung nach www.southafrica2010.org , >>Inspection Group Report for the 2010 FIFA World Cup™<<, S. 8.

Von den vier anderen Mitbewerbern, Ägypten, Libyen, Tunesien und Marokko, gilt von Beginn an eigentlich nur Marokko als ernstzunehmender Gegner. In der Delegation Südafrikas repräsentieren neben dem amtierenden Präsidenten Thabo Mbeki, mit Nelson Mandela, Frederik de Klerk und Erzbischof Tutu gleich drei Friedens-Nobelpreisträger ihr Land.

Und diesen Persönlichkeiten, vor allem Nelson Mandela, der wohl bedeutendsten politischen Person des letzten Vierteljahrhunderts, ist es wohl auch am Ende mit zu verdanken, dass Südafrika den Zuschlag bekommt.

Am 15. Mai 2004 verkündet FIFA-Präsident Joseph Blatter, dass sich Südafrika bereits im ersten Wahlgang mit 14:10 Stimmen gegen Marokko durchgesetzt hat. Die 24 Mitglieder der FIFA-Exekutive geben Ägypten keine einzige der Stimmen. Libyen und Tunesien sind schon vorzeitig aus dem Wettbewerb ausgeschieden.[72]

Die Delegierten Südafrikas nehmen die Entscheidung im World Trade Center von Zürich mit großem Jubel auf. Allen voran der Ex-Präsident Mandela: „Ich fühle mich wie ein kleiner Junge mit 15 Jahren. Es ist ein toller Tag für uns. Wir haben uns gegen hochklassige Konkurrenten durchgesetzt. Das war nicht einfach. Ich wünsche unseren Mitbewerbern, dass sie auch einmal so feiern können wie wir heute."[73]

Nur wenige Augenblicke nach der offiziellen Bekanntgabe säumen tausende ausgelassen feiernder Südafrikaner die Straßen des Landes.

---

[72] vgl. Die Tageszeitung (taz) Nr. 7360 (17.5.2004), >>Die Herzen fliegen zum Kap<<, Bericht von Martin Hägele, Seite 19.
[73] zit.n. Nelson Mandela, n-tv, www.africalounge.com, >>Jubel in Südafrika<<.

4.2. Organisation und Durchführung der Fußball-WM

"Wenn du ein Schiff bauen willst, dann trommle nicht Männer
zusammen, um Holz zu beschaffen, Aufgaben zu vergeben
und Arbeit einzuteilen, sondern lehre die Männer die
Sehnsucht nach dem weiten unendlichen Meer."
Antoine de Saint-Exupéry

Für die Organisation einer Veranstaltung dieser Größenordnung ist nicht nur die Arbeit des Organisationskomitees entscheidend, vielmehr wird die Identifikation und Mithilfe einer ganzen Nation benötigt. In fast jeder Branche wird ein Aufwind zu spüren sein, und jeder Südafrikaner kann von dieser WM als Medienspektakel und Besuchermagnet profitieren, wenn die Bevölkerung mitzieht und miteinander zum Gelingen dieses Turniers beiträgt. Aber nicht nur der Druck Afrikas und des eigenen Landes ist groß, sondern auch von Seiten der FIFA wird Südafrika mit diesem Event einer harten Prüfung unterzogen. So kann dieses Wagnis für die FIFA ein gewaltiges Risiko bedeuten. Denn die Durchführung der Veranstaltung in minderer Qualität könnte die Reputation, und damit die Werthaltigkeit der Eventserie insgesamt massiv beschädigen.[74]

4.2.1. Das Organisationskomitee der WM 2010 in Südafrika

Das Bewerbungskomitee ist mit dem südafrikanischen Fußballverband (SAFA) eng verbunden. Der Präsident des Komitees, Irvin Khoza, ist Vizepräsident des Verbands. Der Exekutivdirektor des Bewerbungskomitees, Danny Jordaan, ist Generalsekretär des Verbandes.

---

[74] KURSCHEIDT M., (2004), Nationale Ausrichtung unter globalem Druck: Ökonomische Implikationen des Bieterwettbewerbs um Sport-Mega-Events, in: DIETL H. M. (Hrsg.), Sportökonomie 5, Globalisierung des wirtschaftlichen Wettbewerbs im Sport, S. 52.

- 41 -

Die Inspektionsgruppe wertet die Organisation des Komitees, was die Kandidatur angeht als gut, da hinter der Bewerbung ein schlagkräftiges Team steht. „Falls Südafrika die FIFA Fußball-Weltmeisterschaft 2010 aber zugesprochen erhalten würde, müsste das Team im Sinne einer guten Strukturierung und Abstützung um qualifizierte Mitarbeiter ergänzt werden, damit eine erfolgreiche Durchführung gewährleistet werden kann."[75] Und dieser Plan scheint nun umgesetzt zu werden. Die FIFA wird zum ersten Mal ein Weltmeisterschaftturnier aktiv mitorganisieren. Bislang hatten die Verbände der gastgebenden Länder anhand von FIFA-Richtlinien die WM selbst ausgerichtet.

Mit der Gründung der Firma MATCH AG legte die FIFA bereits vor geraumer Zeit für die Bereiche Management, Unterkunft, Ticketverkauf und Informatik den Grundstein für die ersten Titelkämpfe auf dem afrikanischen Kontinent. Weiterhin ist geplant, dass der Weltverband in einer ersten Phase Anfang 2005 in Südafrika ein Büro eröffnet, und nach Abschluss der WM 2006 in einer zweiten Phase weitere Ressourcen aufbaut.[76]

4.2.2. Das Budget zur Ausrichtung der WM

Vorweg muss ich sagen, dass die Beschreibung des Budgets recht wage zu beurteilen ist. Mit dieser Problematik werde ich jetzt aber den Rest meiner Arbeit umgehen müssen, da ich über eine Veranstaltung schreibe, die erst in mehr als fünf Jahren seine Eröffnung feiert. Die Zahlen des Budgets für die WM in Südafrika leite ich aus der offiziellen Bewerbung Südafrikas ab, die nochmals mindestens zwei Jahre zurückliegt.

Allgemein muss man die Investitionen in infrastrukturelle und betriebsbedingte Kosten unterteilen.

---

[75] eigene Übersetzung nach www.southafrica2010.org, >>Inspection Group Report for the 2010 FIFA World Cup™<<, S. 64.
[76] vgl. www.cape-invest.com, (06.08.2004), >>FIFA organisiert WM 2010 in Südafrika selbst<<.

Als Investitionen in die Infrastruktur werden nur der Bau oder die Renovierungen von Stadien und Trainingsanlagen erwähnt. Meines Erachtens insofern eine unfertige Zahl, da auch bei einer aufgrund der Tourismusindustrie recht fortschrittlichen Infrastruktur der Verkehrswege usw. Sanierungen oder Neugestaltungen bei einem Event dieser Größenordnung nicht ausbleiben.

Den offiziellen Angaben zufolge, sind die **Investitionen** wie folgt aufgeteilt:

Investitionen in die Spielorte	**USD 112 000 000**
Betriebsaufwand der Weltmeisterschaft	**USD 364 054 993**
Gesamt	**USD 476 054 993**

Der **Ertrag** ist ebenfalls auf zwei zusammenfassende Posten unterteilt:

Kartenverkauf	**USD 467 459 448**
Lokale Sponsoren und Naturalleistungen	**USD 73 726 103**
Gesamt	**USD 541 185 551**[77]

In dieser Budgetaufstellung sind keinerlei Zuschüsse der FIFA enthalten. Der südafrikanische Fußballverband hat von der Regierung zur Renovierung von Stadien und Trainingsanlagen einen Betrag von **USD 31 600 000** beantragt, und dieser Betrag ist auch im Budget enthalten.[78]
Nach der dargelegten Rechnung weist das Budget einen Überschuss von **USD 65 130 558** aus.

---

[77] z. vgl.: Bei der WM 1998 in Frankreich wurden DM 716 000 000 eingenommen.(entspricht USD 477 510 410 gemäß Dollarkurs vom 16.02.05).
[78] vgl. www.southafrica2010.org, >>Inspection Group Report for the 2010 FIFA World Cup™<<, S. 66.

Dabei handelt es sich, wie schon erwähnt, trotz der exakten Zahlenangabe bis zur letzten Nachkommastelle, um einen groben Schätzwert. Dieses wird auch im fünften Kapitel noch verdeutlicht, wo ich noch näher auf die wirtschaftlichen Einflussfaktoren der Fußball-Weltmeisterschaft in Südafrika eingehen möchte.

4.2.3. Ticketverkauf und Marketing[79]

Nach Meinung der Inspektionsgruppe dürften die budgetierten Einnahmen aus dem Kartenverkauf nur schwer zu erzielen sein. Angesichts der Tatsache, dass ein normales Ticket für ein Fußballspiel in Südafrika umgerechnet zwischen zwei und zehn Dollar kostet, und für die Weltmeisterschaft das billigste Ticket für 20 Dollar (Gruppenspiel, 3. Kategorie) verkauft werden soll, muss hier die Preisstruktur wohl noch einmal überdacht werden. Allerdings sollen in jedem Stadion 100 Ehrenlogen für die Dauer der Weltmeisterschaft verkauft werden. Als Preis wurden ca. USD 150 000 genannt, die angesichts der großen Tradition von Ehrenlogen in Südafrika durchaus realistisch sein könnten. Aus eigener Erfahrung ist mir bekannt, dass viele große Firmen eine Ehrenloge bei wichtigen sportlichen Veranstaltungen als eine Art Prestigeobjekt sehen, und somit bereit sind, beträchtliche Summen dafür zu zahlen.

	Kat. 3	Kat. 2	Kat. 1	Super-Kat.
Eröffnungsspiel	USD 40	USD 274	USD 549	USD 722
Gruppenspiele	USD 20	USD 110	USD 165	USD 216
Achtelfinale	USD 40	USD 192	USD 247	USD 325
Viertelfinale	USD 50	USD 219	USD 329	USD 433
Halbfinale	USD 70	USD 329	USD 549	USD 722
Spiel um Platz 3	USD 50	USD 192	USD 247	USD 325
Finale	USD 90	USD 549	USD 823	USD 1083

Abb. 5: Vorgeschlagene Preisstruktur des Ticketverkaufs der WM 2010 in Südafrika[80]

---

[79] Umgangssprachlich kann man „Marketing" als das Bemühen, Waren und Dienstleistungen zu verkaufen, verstehen. vgl. www.wikipedia.org, Schlagwort: Marketing.

Die Vermarktung dieses Mega-Events wird ohnehin als sehr aussichtsreich eingeschätzt, möchte doch jedes größere Unternehmen diesem einzigartigen Ereignis auf dem afrikanischen Kontinent beiwohnen.

Hinzu kommt die Fußballbegeisterung vor Ort, die auch kleinere nationale Firmen zu Investitionen in dieses Event bewegen wird.

So traf auch Joseph Blatter für die Weltmeisterschaft 2010 in Südafrika eine viel versprechende Voraussage: „Die Angebote für die Fernseh- und Marketing-Rechte zeigen uns, dass das Interesse des Marktes an der WM 2010 höher ist als an der WM 2006 in Deutschland. Die Welt vertraut Südafrika."[81]

Auch die überregionale Vermarktung steht bereits in den Startlöchern. Die FIFA eröffnete am 20. Dezember 2004 die Ausschreibung für die Medienrechte. Die öffentliche Ausschreibung beinhaltet die Medienrechte für die Fernseh- und Radioübertragung der Fußball-Weltmeisterschaft 2010 in Südafrika. Während 2002 in Korea/Japan 28,8 Mrd. Zuschauer den FIFA-Weltpokal mitverfolgt haben, wird für die FIFA Fußball-Weltmeisterschaft 2006 mit über 30 Mrd. Fernsehzuschauern gerechnet.[82] Dementsprechend kann man für die WM 2010 auch mit mindestens 30 Mrd. Zuschauern rechnen. Diese Zahl wird sich selbstverständlich auch auf die Kosten der Übertragungsrechte auswirken.

So wurden 1998 in Frankreich USD 186 000 000 mit Übertragungsrechten verdient, die sich 2002 mit rund USD 1 Mrd. mehr als verfünffacht hat. Für die WM 2006 in Deutschland werden Einnahmen von mehr als **USD 1,2 Mrd.** erwartet, so könnte man diesen Wert wiederum als Mindestumsatz für die Übertragung der WM 2010 in Südafrika festlegen.[83]

[80] eigene Darstellung in Anlehnung an www.southafrica2010.org, >>Inspection Group Report for the 2010 FIFA World Cup™<<, S. 66.
[81] zit. n. FIFA-Präsident Joseph Blatter, www.fussballportal.de, >>Blatter sieht großes Markt-Potenzial für WM 2010<<.
[82] vgl. www.fifa.com (15.12.2004). >>Ausschreibung gewisser Medienrechte in Europa durch die FIFA<<.
[83] vgl. SCHAFFRATH M. (1999), Fußball-WM `98, Analyse, Akzeptanz, Akquise, S. 29.

4.2.4. Stadien und Trainingsmöglichkeiten

Die Sportstadien sind in einer ausgezeichneten Qualität. Drei der benötigten Spielstätten in Südafrika sind bereits WM-tauglich.[84] Es handelt sich um Kapstadt (Newlands), Johannesburg (Ellis Park) und Durban (King's Park Soccer Stadium), in denen bereits große internationale Veranstaltungen wie die Rugby-Weltmeisterschaft ausgetragen wurden.

Fünf Stadien müssten teilweise renoviert werden: Bloemfontein (Free Park Stadium), Pretoria (Loftus Versfeld), Rustenburg (Royal Bafokeng Sports Palace), Orkney (Oppenheimer Stadium) und Johannesburg (Soccer City). Insgesamt werden vom Bewerbungskomitee 13 Stadien angegeben, wovon jedoch nur 11 gebraucht werden.

Das Finale wird wohl im "Soccer City" Stadium in Johannesburg ausgetragen werden[85], ansonsten konnte ich noch keine näheren Informationen zu den Spielen herausfinden.

Die Trainingsstätten, die für die Weltmeisterschaft benutzt werden könnten, sind ebenfalls in einem guten Zustand. Da Südafrika ein derart sportbegeistertes Land ist, gibt es zahlreiche Sportzentren und Trainingsplätze, die hauptsächlich für Fußball, Rugby und Kricket genutzt werden. Die Grundinfrastruktur ist vorhanden und könnte ohne größere Probleme verbessert werden. Es würden zumeist kleine Stadien, Fachschulen oder Universitäten zu Trainingszwecken dienen, deren Modernisierung jeweils eine äußerst sinnvolle Nachhaltigkeit verspräche. Die Nachfrage in lokalen Vereinen und Gemeinden ist reichlich vorhanden.

---

[84] vgl. www.dialog.cdg.de, (03.2004), >>Der Cup am Kap<<.
[85] vgl. www.stadionwelt.de, >>Stadien der WM 2010<<.

Stadt	Einwohner	Stadion	Kapazität	Status
Johannesburg	4 100 000	Soccer City	98 850	Zu renovieren
Johannesburg	4 100 000	Ellis Park	64 150	Fast fertig
Pretoria	2 000 000	Loftus Versfeld	47 325	Zu renovieren
Pretoria	2 000 000	Rainbow Junction	43 325	Zu bauen
Polokwane	508 000	P. Mokaba	42 175	Zu renovieren
Rustenberg	396 000	Bafokeng	43 325	Zu renovieren
Kapstadt	2 900 000	New Lands	42 352	Fast fertig
Kimberley	202 000	Kimberley	42 175	Zu bauen
Orkney	497 000	Oppenheimer	42 175	Zu renovieren
Nelspruit	474 000	Mbombela	42 325	Zu bauen
Durban	3 100 000	Kings Park	64 150	Fast fertig
Bloemfontein	645 000	Free State	42 325	Zu renovieren
Port Elizabeth	1 100 000	P.E. Stadium	51 825	Zu bauen

Abb. 6: Vorgeschlagene Stadien für die WM 2010 in Südafrika[86]

4.2.5. Transport und Hotels

Der Hotelstandard in Südafrika ist erstklassig. Zur Unterbringung aller Teilnehmer, Zuschauer und Medienvertreter sind in den vorgeschlagenen Spielorten genügend Hotelzimmer vorhanden. Das gilt sowohl für die großen Städte (Johannesburg, Durban, Kapstadt, Port Elizabeth und Pretoria), als auch für die kleineren Orte (Rustenburg und Bloemfontein). Nur in Polokwane müsste die Hotelinfrastruktur im Hinblick auf die Fußball-Weltmeisterschaft 2010 den speziellen Anforderungen der FIFA angepasst werden, so die Inspektionsgruppe.

---

[86] eigene Darstellung in Anlehnung an www.southafrica2010.org, >>Inspection Group Report for the 2010 FIFA World Cup™<<, S. 68.

Keinerlei Bedenken gibt es in Sachen Transport und Verkehr. Südafrika verfügt über eine sehr moderne Infrastruktur. Es gibt zehn internationale Flughäfen (Alexander Bay, Bisho, Kapstadt, Durban, East London, George, Johannesburg, Phalaborwa, Pietersburg und Port Elizabeth), die alle den internationalen Normen entsprechen, insbesondere der Flughafen von Johannesburg, der in den letzten zwei Jahren mehrmals als bester afrikanischer Flughafen ausgezeichnet wurde.

Die anderen von der Inspektionsgruppe genutzten Flughäfen (Rustenburg, Bloemfontein, Polokwane und Pretoria) können zurzeit keine internationalen Flüge abfertigen, da sie entweder Militärflughäfen oder nationale Flughäfen sind. Sie könnten aber ohne weiteres von Charterflügen bedient werden.

Das Straßennetz des Landes ist erstklassig. Trotz der immensen Fläche und der großen Distanzen zwischen den wichtigsten Städten, sind alle Städte problemlos mit dem Auto zu erreichen.

Das Nationalstraßennetz misst 7200 km, das Provinzstraßennetz 50 000 km. Das landesweite Schienennetz misst 6000 km. Die Verbindungen sind ebenfalls sehr gut und werden in Südafrika äußerst häufig genutzt. Lediglich zwei Städte, die als Spielorte vorgeschlagen sind, sind nicht ans Eisenbahnnetz angeschlossen. Innerhalb der Städte sind mit lokalen Minibussen, Bussen, Zügen und Taxis vier Verkehrsmittel verbreitet. Die Minibusse dienen vor allem der kollektiven Beförderung, wobei auf der Fahrt ständig neue Passagiere zusteigen können.[87] Aus eigener Erfahrung rate ich jedoch generell für Touristen von dieser Art der Fortbewegung ab, da die Minibusse hauptsächlich von den Einheimischen benutzt werden und für Touristen ein großes Sicherheitsrisiko darstellen.

---

[87] vgl. www.southafrica2010.org, >>Inspection Group Report for the 2010 FIFA World Cup™<<, S. 71 ff.

4.2.6. Sicherheit während der WM

Johannesburg ist die Stadt mit der höchsten Kriminalitätsrate weltweit. Alle siebzehn Sekunden wird in Südafrika ein Verbrechen begangen und jeden Tag wird ein Polizist erschossen.[88] Südafrika ist also ein Land, das Sicherheitsprobleme zur genüge kennt. Die Inspektionsgruppe hat in dieser Hinsicht, nach ihrem Bericht zu urteilen, scheinbar keine Bedenken. Die Menschen in Südafrika wären stets freundlich, sehr laut und in feierlicher Stimmung.

Falls sich die Besucher während der WM innerhalb gewisser Grenzen bewegen, sollten sie nichts zu befürchten haben. Das Sicherheitskonzept für die Weltmeisterschaft 2010 wurde der Inspektionsgruppe von einem ranghohen Offizier der nationalen Polizei umfassend erläutert. Die Sicherheitspläne enthalten Ausführungen für Stadien, Medienzentren und Haupthotels.

Diese Präsentation hätte die Inspektionsgruppe überzeugt, dass die Sicherheitsanforderungen einer Fußballweltmeisterschaft erfüllt werden können und die Verantwortlichen über ausreichend Erfahrung bei der Durchführung von Großveranstaltungen verfügen.[89]

Meiner Meinung nach ist der Sicherheitsaspekt hiermit etwas leichtfertig abgetan, auch wenn eine verbesserte Tendenz im Lande zu erkennen ist.

Laut Informationsdienst der südafrikanischen Polizei ist die Kriminalität im September 2001 erstmals rückläufig. Wohl ein erster Erfolg des Regierungsprogramms zur Verbrechensbekämpfung.[90]

Im internationalen Vergleich jedoch ist die Kriminalitätsrate nach wie vor erschütternd hoch. Und für ein Event wie die Fußball-WM ist die Sicherheit der Stadien, Medienzentren und Haupthotels nicht ausreichend.

---

[88] vgl. www.dialog.cdg.de, >>Der Cup am Kap<<.
[89] vgl. www.southafrica2010.org, >>Inspection Group Report for the 2010 FIFA World Cup™<<, S. 70.
[90] vgl. www.kapstadt.de, >>soziale Probleme<<.

Die Gefahr besteht, so denke ich, innerhalb der Grosstädte und außerhalb des unmittelbaren Turnierablaufs. Es ist schon ohne die erwarteten Tourismusmassen für die Südafrikanische Polizei unmöglich, die Sicherheit in den Großstädten zu gewährleisten. Und da Fußballfans in der Regel auch nicht zu den zurückhaltenden Menschen gehören, wird eine gemeinschaftliche Einhaltung gewisser Sicherheitsregeln, die in Südafrika unabdingbar sind, äußerst fragwürdig sein. Wenn die Spiele abgepfiffen werden, wollen die Sieger feiern, und die Verlierer ihren Frust ertränken. Dafür wird ein großes Maß an zusätzlicher Sicherheit nötig sein.

Südafrika wird wohl, wie es auch schon gegenwärtig der Fall ist, von privaten Sicherheitsfirmen und deren höchst sensibler Koordination abhängig sein, was wiederum zu einer nicht unerheblichen Mehrkostenbelastung führen wird.

Was die medizinische Versorgung angeht, sind die Einrichtungen in Südafrika ausgezeichnet. Das Land verfügt vielleicht über eines der besten privaten Gesundheitssysteme der Welt. Das Milpark-Krankenhaus in Johannesburg gehört zu den besten Krankenhäusern der Welt. Die vorgeschlagenen Stadien sind mit voll funktionsfähigen Krankenstationen versehen, die zur Behandlung von Notfällen bestens ausgerüstet sind und eine lückenlose Versorgung im Stadion gewährleisten können. Die Inspektionsgruppe konnte zudem das IOC-akkreditierte Dopingkontrolllabor in Bloemfontein und das Sportinstitut in Kapstadt besuchen, das in der sportmedizinischen Forschung sehr engagiert ist.[91]

---

[91] vgl. www.southafrica2010.org, >>Inspection Group Report for the 2010 FIFA World Cup™<<, S. 73.

5 MÖGLICHE AUSWIRKUNGEN DER WM 2010 FÜR SÜDAFRIKA

Auf die Frage der FIFA welchen Nutzen Afrika daraus ziehen wird, dass im Jahr 2010 die WM-Endrunde zum ersten Mal auf dem afrikanischen Kontinent stattfindet, antwortete der Ägypter Mustapha Fahmy, Generalsekretär des afrikanischen Fußballverbands CAF, folgendermaßen: „Der Nutzen wird enorm sein, besonders für die südafrikanischen Gastgeber, denkt man an all die Stellen, die im Rahmen der Organisation des Wettbewerbs geschaffen werden. Für Afrika als Ganzes ist der Wettkampf eine Publicity-Angelegenheit, insbesondere nach Beendigung der FIFA Fußball-Weltmeisterschaft in Deutschland 2006. Dann nämlich werden alle Augen auf den afrikanischen Fußball gerichtet sein, besonders natürlich auf Südafrika. Von dieser Aufmerksamkeit wird ganz Afrika profitieren. Darüber hinaus hoffe ich von ganzem Herzen, dass möglichst viele Leute, die auf dem gesamten Kontinent auf verschiedenen Spielebenen mit Fußball zu tun haben, von den Südafrikanern in ihre Organisations-Strukturen eingebunden werden."[92]

Die möglichen Auswirkungen dieser WM für Südafrika als Austragungsland werde ich in diesem fünften Kapitel detailliert untersuchen.

Am Ende des Kapitels wird es möglich sein, die Ausmaße dieses Ereignisses für das Austragungsland Südafrika mindestens zu erahnen. Wie schon in den vorhergehenden Kapiteln deutlich wird, sind die Rahmenbedingungen dieser ersten Fußballweltmeisterschaft auf afrikanischem Boden nicht so leicht zu erfassen wie bei einer vergleichbaren Veranstaltung in Europa. Ein Mega-Event dieser Größenordnung ist auf dem Afrikanischen Kontinent noch niemals zuvor ausgetragen worden.

---

[92] zit.n. Mustapha Fahmy aus www.fifa.com, (28.06.2004), >>Alle Augen werden auf Afrika gerichtet sein<<.

Es wird vieles anders ablaufen als gewohnt, und das kann auf der einen Seite positiv zu bewerten sein, da es interessante Abwechslungen durch neue kulturelle Einflüsse geben wird. Es kann jedoch auch der Nachteil der Unerfahrenheit überwiegen, der zu einem minderwertig organisierten Turnier führen könnte. Die meisten Effekte dieser WM auf das Gastgeberland stehen in direkter Verbindung mit dem Turnierverlauf, darum werde ich Chancen und Risiken für die verschiedenen mir relevant erscheinenden Bereiche separat herausarbeiten. Ebenso versuche ich, eventuelle indirekte Auswirkungen, die durch verschiedene Multiplikationseffekte[93] entstehen können, aufzuzeigen. Am Ende wird zur besseren Übersicht je eine Gegenüberstellung mit den zusammengefassten „Ausgaben und Einnahmen" und den „Chancen und Risiken" der Weltmeisterschaft 2010 in Südafrika stehen.

5.1. Der Tourismus

Südafrika erwartet einen gewaltigen Zulauf von Sport-Touristen aus der ganzen Welt während der Weltmeisterschaft und der Zeit danach.
Entsprechend der Grunddefinition des Tourismus[94] könnte der Sport-Tourismus wie folgt definiert werden: *„Sport-Tourismus ist das vorübergehende Verlassen des gewöhnlichen Aufenthaltsortes sowie der Aufenthalt in der Fremde aus sportlichen Motiven."*[95]

---

[93] auch Multiplikatorwirkung, beschreibt die Zu- und Abnahme einer volkswirtschaftlichen Größe infolge einer Veränderung der unabhängigen Größe. Multiplikatorwirkungen zeigen den Einfluss der unabhängigen Variablen (Investitionen, Exporte, Importe, Konsum, Staatsausgaben oder Transferzahlungen) auf das Sozialprodukt (Volkseinkommen). (RÜRUP B., SESSELMMEIER W., ENKE M. (2002) Fischer Information & Wissen, Wirtschaftslexikon, S.195).
[94] Die gängige Definition von „Tourismus" stammt von der Welt-Tourismus-Organisation (WTO) und ist aus den 50er Jahren: „Tourismus ist das vorübergehende Verlassen des gewöhnlichen Aufenthaltsortes sowie der Aufenthalt in der Fremde." (vgl. WTO-Welt Tourismus Organisation (1993), Statistisches Jahrbuch).
[95] FREYER W. (2002), Sport-Tourismus, Einige Anmerkungen aus Sicht der Wissenschaft(en), in: DREYER A. (Hrsg.), Tourismus und Sport, wirtschaftliche, soziologische und gesundheitliche Aspekte des Sport-Tourismus, S. 20.

Nach einem Bericht der Deutschen Presseagentur vom 31.10.2003 rechnet der Südafrikanische Tourismusminister Marthinus van Schalkwyk mit 400 000 solcher Sport-Touristen innerhalb der vier Wochen des Events.[96]

5.1.1. Die Chancen für die Südafrikanische Tourismusbranche

Aufgrund der ungeheueren Vielfalt touristisch wirksamer Anziehungsfaktoren, liegen meiner Meinung nach die größten Möglichkeiten für Südafrika in den längeren Aufenthalten der Gäste bei ihrem WM-Besuch und den langfristigen touristischen Effekten. Des Weiteren ist eine Besucherzahl und ein damit verbundener ökonomischer Nutzen, wie sie bei der WM in Deutschland 2006 zu erwarten sind, kaum möglich. Die geographische Lage lässt eine derart einfache, unkomplizierte Anreise gar nicht zu. Deutschland hat eine Vielzahl direkter Nachbarn, die sich die Möglichkeit eines Besuches der Weltmeisterschaft nicht nehmen lassen werden. Es handelt sich um Besucher aus wirtschaftlich wohl situierten Ländern, die eine gute Kaufkraft haben. Diese Option gibt es für Südafrika kaum. Die Gäste aus den umliegenden Ländern Afrikas werden sich die Reise entweder gar nicht leisten können, oder ein sehr begrenztes Budget mitbringen.

Das Hauptaugenmerk muss auf die Einreisemärkte von anderen Kontinenten gelegt werden. Anhand der Abbildung, wird deutlich, dass Europa mit 61% der Besucher, sowie Nordamerika mit 13% der Besucher, als Hauptmärkte Südafrikas gesehen werden können. Alle anderen Länder können als Märkte geringer Relevanz betrachtet werden.

---

[96] vgl. www.sportgate.de, >>Südafrika startet Marketingkampagne vor WM-Vergabe<<.

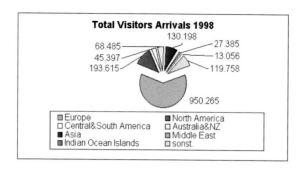

Abb. 7: Besucherstatistik Südafrika 1998[97]

Auch wenn die Besucherstatistik schon aus dem Jahre 1998 ist, kann man damit rechnen, dass sich die Verteilung der Hauptmärkte nicht gravierend geändert hat.

So liegen auch die Motive dieser Besucher unmittelbar auf der Hand. Sie kommen von sehr weit her, um die Natur und das Klima Afrikas zu erleben, ohne den gewohnten Luxus missen zu müssen. Es ist damit zu rechnen, dass auch die Sport-Touristen zur Weltmeisterschaft mehrheitlich ihren Aufenthalt mit einem längeren Urlaub verbinden werden, um das riesige Land etwas genauer zu erkunden.

In der sozio-ökonomischen Analyse der Fußball-WM 2006 in Deutschland rechnet Rahmann mit einem maximalen Ticketverkauf (90 %) von 3.140.812 umgesetzten Eintrittskarten.

Dabei wird mit 32 % „Ausländischen Tickets" gerechnet.[98] Die Südafrikaner schätzen in ihrer Bewerbung, dass 2 768 027 Karten in den Verkauf gelangen,

---

[97] Vgl. South African Tourism (Broschüre 2001), Statistik „Monthly Arrivals of Visitors: 1998-2000.
[98] vgl. RAHMANN B., WEBER W., GROENING Y., KURSCHEIDT M., NAPP H.-G., PAULI M. (1998), Sozio-ökonomische Analyse der Fußball-Weltmeisterschaft 2006 in Deutschland, Universität Paderborn, Bd. 4, S. 26.

welches einer ähnlichen Auslastung von 89 % der Kapazität der Stadien entspräche.[99] Den Anteil an ausländischen Tickets schätze ich höher ein als 32 %, auch wenn ich an eine so hohe Kapazitätsauslastung der Stadien insgesamt nicht glaube; es wird zwar im Ganzen weniger Touristen geben, jedoch sind mehr Stadionbesuche pro Person zu erwarten. Was, wie schon erwähnt, auf den längeren Aufenthalt des durchschnittlichen Besuchers zurückzuführen ist. Für Deutschland wurde berechnet, dass ein Tourist während der WM ca. 600 EUR für eine Karte ausgibt. Darin sind sämtliche Kosten für Unterkunft, Transport, Verpflegung und andere Konsumbereiche enthalten.

Was finanzielle Vergleiche mit Südafrika angeht, möchte ich diese allgemein vermeiden, da man die Situation der Länder und den Wert der Währungen nicht miteinander vergleichen kann. Die Lebensunterhaltungskosten mögen einem Europäer oder Amerikaner in Südafrika sehr niedrig vorkommen, somit sind auch die individuellen Erträge der WM unterschiedlich.

Ich schätze die Anzahl der Touristen, die mit einer Südafrikanischen Fluggesellschaft anreisen, in einem teuren Hotel wohnen und eine beträchtliche Anzahl von Spielen anschauen für die WM 2010 höher ein, als für die WM 2006 in Deutschland. Möglicherweise zahlt ein solcher „Vorzeige-Tourist" in Südafrika nicht einmal umgerechnet 600 EUR für eines seiner Tickets inklusiv der sonstigen Ausgaben. Für die Südafrikanische Wirtschaft jedoch ist dieser Gast genauso wichtig wie einer seiner Kategorie für Deutschland.

Wenn es Südafrika darüber hinaus gelingt, das öffentliche Bild über das Land durch dieses Event zu verbessern und eine Veranstaltung zu organisieren, bei der sich die Gäste sicher und entspannt fühlen, kann der Tourismusboom noch Jahre danach zu spüren sein. Und das ist auch die Hauptabsatzmöglichkeit Südafrikas durch diese Weltmeisterschaft.

---

[99] vgl. www.southafrica2010.org, >>Inspection Group Report for the 2010 FIFA World Cup™<<, S. 66.

So sagt auch der Tourismusdirektor in Stuttgart Klaus Lindemann: „Der eigentliche Erfolg beginnt am Tag eins nach dem Endspiel, denn die Weltmeisterschaft ist eine gewaltige Standortkampagne."[100]
Und die Möglichkeiten, einen Touristen auch in Zukunft zu einem Besuch zu bewegen sind vielfältig. Schließlich können nicht alle während des Turniers anwesend sein, die ein Interesse für Fußball und Südafrika haben. Organisierte Sport- oder Fußballreisen, könnten Touristen die Möglichkeit geben, nach dem Event das Land und seine Leute kennen zu lernen. Sogar ganze Vereine könnten für internationale Freizeitturniere Südafrika besuchen, um auch noch im Nachhinein den Einfluss der WM zu spüren und die modernen originalen Trainingsplätze der Weltelite zu nutzen. So liegt es an verschiedenen Branchen des Landes den Beigeschmack der Fußball-WM und die Assoziation mit dieser Veranstaltung möglichst lange aufrecht zu erhalten.
Es ist also wieder einmal alles vom Image und dem Bild in der Öffentlichkeit abhängig, worauf ich in dem folgenden Unterpunkt der Imageeffekte noch detaillierter eingehen werde. Und wenn Klaus Lindemann der Tourismusentwicklung in Deutschland einen positiven Effekt für die Post-Event-Phase[101] einräumt, ist das für ein so attraktives Land wie Südafrika allemal möglich.

5.1.2. Die Risiken für die Südafrikanische Tourismusbranche

Wie schon erwähnt, bleibt die Möglichkeit des Kurzeit-Tourismus in Südafrika weitgehend aus, da das Land einfach zu groß ist und zu wenige und zu arme direkte Nachbarn hat.

---

[100] Die Zeit, Nr. 10 (03.03.2005), >>Bitte mehr lächeln<<, Bericht von Olaf Krohn, S. 75.
[101] Man unterscheidet zwischen der Prä-Event-Phase(Zeit vor der Veranstaltung), Präsensphase(während der Veranstaltung) und der Post-Event-Phase(nach der Veranstaltung). (vgl. KURSCHEIDT M., Erfassung und Bewertung der wirtschaftlichen Effekte der Fussball-WM 2006™ (Unabhängiges wissenschaftliches Gutachten), Ruhr-Universität Bochum, S. 11).

Ferner kann eine so aufstrebende Tourismusmetropole wie Südafrika nicht nur eine Menge begeisterter Gäste hinzugewinnen, sie kann ihre Touristen auch langfristig oder für die Zeit der Veranstaltung vertreiben. Verschiedene Risikofaktoren sind in diesem Zusammenhang denkbar.

In der Präsensphase könnte es zu Verdrängungseffekten von Touristen kommen, die nicht an der Weltmeisterschaft interessiert, und aufgrund der verschiedenen negativen Tourismusfaktoren wie erschwerte Einreisebedingungen, Überfüllung und erhöhte Preise, für diesen Zeitraum abgeschreckt werden.[102]

Ein schlecht organisierter Ablauf der WM oder der individuell organisierten Touren in der Präsensphase werden speziell bei den sehr verwöhnten Europäern und Amerikanern einen bitteren Beigeschmack hinterlassen. Auch muss der Sicherheitsfaktor gewissenhaft geregelt sein, da Zwischenfälle oder gar Anschläge einen sehr nachhaltigen Effekt auf die Tourismusbewegung haben können. Man denke dabei an den Terroranschlag auf Bali vom 12. Oktober 2002.[103] Ein Jahr später sanken die Touristenzahlen von 1,28 Millionen auf 993.000 im Jahr.[104]

---

[102] RAHMANN B., WEBER W., GROENING Y., KURSCHEIDT M., NAPP H.-G., PAULI M. (1998), Sozio-ökonomische Analyse der Fußball-Weltmeisterschaft 2006 in Deutschland, Universität Paderborn, Bd. 4, S. 70.
[103] Bei einem Bombenanschlag auf ein Nachtlokal in Kuta Beach starben 191 Menschen; Hunderte wurden verletzt. Das hauptsächlich von Touristen besuchte Lokal sowie benachbarte Häuser wurden bei diesem Terroranschlag, dem schlimmsten in der Geschichte Indonesiens, vollständig zerstört. (vgl. www.munichre.com, >>Jahresrückblick Naturkatastrophen 2002<<, S.11).
[104] vgl. www.zeit.de, >>Urlauberzahlen nach Katastrophen<<.

5.2. Das Image

Verantwortlich für die Imagebildung sind einerseits die Besucher der Ereignisse aufgrund ihrer subjektiven Wahrnehmung. Andererseits spielt bei der langfristigen Imagebildung die gesamte öffentliche Darstellung des Ereignisses eine zentrale Rolle. Das Image Südafrikas ist zurzeit sowohl von negativen als auch von positiven Faktoren geprägt. So denkt man an ein aufstrebendes, multikulturelles Land mit prächtiger Landschaft, aber auch an Rassenhass, Kriminalität und Aids. Ein Mega-Event wie die Fußballweltmeisterschaft hat durch seine Medienmacht die Gelegenheit, das Image Südafrikas nachhaltig zu verbessern und positive Faktoren in den Vordergrund zu stellen, die dann in den Köpfen der Menschen verankert werden. Allerdings sind auch in diesem Kontext wieder Faktoren denkbar, die dem Image des Landes nachhaltig schaden könnten.

5.2.1. Die Chancen für das Südafrikanische Image

Die Chancen für Südafrika, durch die WM 2010 einen langfristigen Imagegewinn zu erzielen, sind sehr groß. Sie sind allerdings neben dem Sonderereignis selbst direkt abhängig von den „weichen" bzw. „harten" Standortfaktoren der Region. Die so entstandenen Eindrücke werden zusätzlich noch durch die Nachrichten- und Informationsvermittlung, sowie durch soziokulturelle Faktoren, wie z.B. das Vorwissen und die Bildung des „Imagebilders", beeinflusst, wie auch das folgende Schaubild zeigt.[105]

---

[105] vgl. MAENNING W., FEDDERSEN, A. (2002) , Imageeffekte von Sportgroßveranstaltungen: Möglichkeiten und Grenzen der Messung, in: BÜCH M.-P., MAENNING W., SCHULKE H.-J. (Hrsg.), Regional- und sportökonomische Aspekte von Sportgroßveranstaltungen, Bd. 11, S. 102 f.

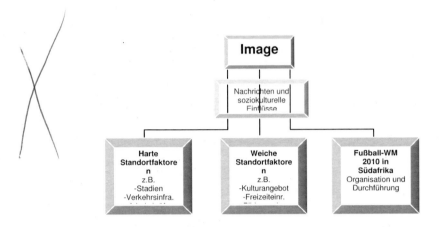

Abb. 8: Der Prozess der Imagebildung am Beispiel der Fußballweltmeisterschaft 2010 in Südafrika[106]

Für die Südafrikaner ist es somit wichtig, nicht nur die Veranstaltung selbst, sondern auch das Land und seine Menschen international in das rechte Licht zu rücken. Dabei müsste den Problemen des Landes weiterhin initiativ der Kampf angesagt werden.[107] Die Sicherheit muss nicht nur während der WM auf der ganzen Linie gewährleistet sein, die Kriminalität muss nachhaltig bekämpft werden. Der Immunschwächekrankheit AIDS und der Verbreitung des HI-Virus muss langfristig entgegengewirkt werden. Und es müssen weitere Arbeitsbeschaffungsmaßnahmen eingeleitet werden, die dem sozialen Gefälle entgegenwirken. Das gesamte Land muss der Weltöffentlichkeit ein Bild vermitteln, das eine Nation zeigt, die gewillt ist, miteinander ihre Probleme zu lösen.

Zudem ist für ein Land wie Südafrika die Möglichkeit gegeben, eine Stadt als Sportlermetropole Afrikas emporzuheben.

---

[106] Eigene Darstellung in Anlehnung an ebd, S. 102.
[107] Südafrika richtete 2000 die Welt-AIDS-Konferenz aus, 2001 die Konferenz der Vereinten Nationen gegen Rassismus. Vom 26. August bis 4. September 2002 fand in Johannesburg die Konferenz der Vereinten Nationen für nachhaltige Entwicklung statt. (www.auswaertiges-amt.de (10.2004), >>Südafrika Außenpolitik<<).

Beispielsweise wäre Kapstadt zu nennen, das ohnehin schon die touristische Hauptstadt Südafrikas darstellt. Diese attraktive, multikulturelle Küstenstadt könnte, ähnlich wie die Olympiastädte München oder Sydney, das nachhaltige Image einer WM-Stadt erhalten. Es könnten in einer sowieso schon äußerst begeisterten Sportnation wie Südafrika Fußball-Bars und andere Einrichtung zur WM-Thematik entstehen. Stadien und Trainingsstätten könnten für Sport-Tourismus und Fußball-Camps genutzt werden. Und es könnte Museen und Veranstaltungen zum Thema "erste WM auf Afrikanischen Boden" geben. Dieses alles bietet Südafrika Möglichkeiten, das Image des Landes aufzuwerten und von den Effekten zu profitieren. Denn nicht nur neue Gruppierungen von Touristen (Attraktions-Sport-Touristen[108], aktive Sportler) werden durch die Imageeffekte angezogen, sondern auch ausländische Investoren werden Vertrauen in das Land finden, was sich wiederum in der Wirtschaft widerspiegeln wird.

5.2.2. Die Risiken für das Südafrikanische Image

Wichtig ist es, so denke ich, die Probleme des Landes speziell durch solche Events öffentlich zu machen. Man sollte nicht den Fehler machen, die Schwierigkeiten für die Zeit der Weltmeisterschaft zu verdrängen und eine heile Welt vorzutäuschen. Südafrika muss die Gratwanderung schaffen, eine sichere und perfekt organisierte WM zu veranstalten und dabei die Probleme des Landes nicht zu vernachlässigen. Ansonsten wird sich ein Negativimage durchsetzen, welches sich, auch aufgrund der Berichterstattungen in die ganze Welt, schwer wieder verändern lässt.

---

[108] vgl. FREYER W. (2002), Sport-Tourismus, Einige Anmerkungen aus Sicht der Wissenschaft(en), in: DREYER A. (Hrsg.), Tourismus und Sport, wirtschaftliche, soziologische und gesundheitliche Aspekte des Sport-Tourismus, S. 23.

Dieses Negativimage würde wiederum einen direkten, nicht unbedeutenden Einfluss auf die Wirtschaft des Landes haben.

5.3. Die Wirtschaft

Die Weltmeisterschaft in Südafrika wird, außer den gesondert behandelten möglichen Wertschöpfungen[109] der Tourismusbranche, eine Menge zusätzlicher direkter und indirekter ökonomischer Effekte[110] in den privatwirtschaftlichen Bereichen der Bauwirtschaft, sowie in anderen Investitions- und Konsumgüterbranchen zur Folge haben. Größtenteils werden sich in diesem Zusammenhang konjunkturbelebende Nachwirkungen, und somit Chancen für die Südafrikanische Wirtschaft ergeben. Es sind aber auch Risiken für einige wirtschaftliche Bereiche denkbar.

---

[109] Die Wertschöpfung ist ein Maß für die eigentliche wirtschaftliche Leistung eines Wirtschaftszweiges. Sie ist der Wert, der innerhalb einer Zeiteinheit (in der Regel innerhalb eines Jahres) selbst produzierter Waren und Dienstleistungen resultiert unter Zuhilfenahme von Vorleistungen aus anderen Branchen. Die Bruttowertschöpfung einer Branche ergibt sich demnach aus der Differenz zwischen dem Produktionswert der Branche und den Vorleistungen aus anderen Branchen. Die Summe der Wertschöpfungen aller Branchen ergibt wiederum das Bruttoinlandprodukt. Aus diesen Wertschöpfungsdaten lassen sich Aussagen über den Strukturwandel in einer Volkswirtschaft ableiten.(vgl. BÜHLER M., CONSIGGLIO V., KÜENZI M., RIEDIKER R., SCHLÄPPI S., TSCHUDI T. (2003), Die regionalökonomischen Auswirkungen von Grossanlässen, S. 34).
[110] Der direkte ökonomische Effekt ist derjenige wirtschaftliche Erfolg und die wirtschaftliche Wirkung, die unmittelbar mit dem Auslöser des Effektes in Verbindung steht.
Der indirekte ökonomische Effekt ist der wirtschaftliche Erfolg und die wirtschaftliche Wirkung, die nicht direkt mit dem Auslöser des Effektes in Verbindung steht. Eine mögliche indirekte Folgewirkung kann z.B. ein erhöhter Konsum von Privatpersonen und/oder Unternehmungen sein. Diese haben zuvor von erhöhten Umsätzen und somit möglicherweise von gesteigerten Nettoeinkommen profitiert. (vgl. KRAMER J. (1993), Mikroökonomische Verfahren der Präferenzermittlung für öffentliche Güter und ihre Einsatzmöglichkeiten im Rahmen erweiterter Nutzen-Kosten-Analysen von Grossveranstaltungen, S. 660).

5.3.1. Die Chancen für die Südafrikanische Wirtschaft

Wie schon im vierten Kapitel erwähnt, liegt das erwartete Einkommen aus Ticketverkäufen und lokalen Sponsorengeldern bei etwa 65 Mio. Dollar. Die langfristigen wirtschaftlichen Chancen gehen jedoch weit über diese direkt aus dem Turnier resultierende Summe hinaus. Nelson Mandela hat die Finanzspritze für Südafrika auf 340 Millionen Euro (ca. 443 Mio. Dollar) hochgerechnet, und glaubt an die Schaffung von 150.000 neuen Arbeitsplätzen.[111]

Und auch diese Zahl kann bei weitem nicht das ausdrücken, was dieses Event nachhaltig an ökonomischem Nutzen mit sich bringen wird. Es handelt sich um die mittelbaren, direkten Auswirkungen, die sich aus den Einnahmen des zu erwartenden Tourismusbooms und den lokalen Sponsorengeldern zusammensetzt. Ein langfristiger ökonomischer Nutzen für die Region wird von unmittelbaren, indirekten Wirtschaftsfaktoren bestimmt.

So bieten sich durch die zusätzliche Nachfrage nach komplementären Gütern und Dienstleistungen auch Absatzchancen für Firmen, die nicht direkt an den Investitionen beteiligt sind.[112]

Die Fußball-WM stellt eine langfristige, professionelle, globale Werbeplattform dar, die sowohl das Interesse ausländischer Firmen steigert, als auch inländische Unternehmen an den Wirtschaftsstandpunkt Südafrika bindet. Auch Matthias Boddenberg, Geschäftsführer der deutschen Außenhandelskammer in Johannesburg, erwartet ein steigendes Interesse speziell deutscher Betriebe nach der WM: „Rund 450 deutsche Firmen, die in Südafrika aktiv sind, sind bereits heute ein Indiz dafür, dass Südafrika als Land und als Industriestandort interessant ist. Wir gehen davon aus, dass die Weltmeisterschaft dazu führt, dass sich noch mehr Unternehmen für dieses Land interessieren werden."[113]

---

[111] vgl. www.africalounge.com, >> Südafrika im Jubel <<.
[112] vgl. HEINEMANN K. (1995), Einführung in die Ökonomie des Sports, S. 240.
[113] vgl. www.dialog.cdg.de (03.2004), >>Der Cup am Kap<<.

So kann die Weltmeisterschaft indirekt die Exportchancen und die ausländischen Investitionen in das Land steigern, und somit natürlich eine konjunkturelle Belebung weiterer Konsum- und Investitionsgüterbranchen auslösen.[114] Diese Konjunktur wirkt sich dann auch auf die Beschäftigungssituation des Landes und die Ausbildungs- und Einstellungspolitik der Firmen aus, was bei einer Arbeitslosenquote von über 30 Prozent äußerst wichtig für Südafrika ist.

Auch von diesem Positiv-Effekt der Weltmeisterschaft ist Matthias Boddenberg überzeugt. Er rechnet damit, dass der Cup das Arbeitslosenproblem nachhaltig entschärft, denn: „Jeder direkt geschaffene neue Arbeitsplatz bringt Folgearbeitsplätze in den damit verbundenen Industrien mit sich."[115]

5.3.2. Die Risiken für die Südafrikanische Wirtschaft

Auf eine ähnliche Weise, wie auch der ökonomische Nutzen durch teilweise indirekte Effekte der Weltmeisterschaft hervorgerufen wird, können für die Bevölkerung auch wirtschaftliche Probleme auftreten. Beispiele aus der Vergangenheit zeigen, dass Preissteigerungen und Veränderungen der Preisverhältnisse mit der Ausrichtung eines Mega-Events einhergehen.[116]

So hat man für die Olympischen Spiele von Barcelona kalkuliert, dass sich die durchschnittlichen Lebensunterhaltungskosten von 1986 bis 1991 um ca. 3 % erhöht haben. Die Mieten und Grundstückspreise sind von dieser Preissteigerung besonders betroffen.

---

[114] vgl. RAHMANN B., WEBER W., GROENING Y., KURSCHEIDT M., NAPP H.-G., PAULI M. (1998), Sozio-ökonomische Analyse der Fußball-Weltmeisterschaft 2006 in Deutschland, Universität Paderborn, Bd. 4, S. 71.
[115] vgl. www.dialog.cdg.de (03.2004), >>Der Cup am Kap<<.
[116] vgl. RAHMANN B., WEBER W., GROENING Y., KURSCHEIDT M., NAPP H.-G., PAULI M. (1998), Sozio-ökonomische Analyse der Fußball-Weltmeisterschaft 2006 in Deutschland, Universität Paderborn, Bd. 4, S. 70.

In Barcelona stiegen die Preise beispielsweise unter Abzug der Inflationsrate von 1986 bis 1991 um 130 %.[117]

Für Südafrika würde so eine Entwicklung meines Erachtens einer Katastrophe gleichkommen, da die Kluft zwischen Arm und Reich ohnehin schon sehr groß ist, und die Entwicklung auf dem Immobilienmarkt in die Richtung geht, dass sich schon heute nur noch wenige Einheimische ein Haus in den beliebten Regionen leisten können. Verantwortliche aus Politik und Wirtschaft sind gezwungen, diesen Effekt zu verhindern.

5.4. Die Infrastruktur

Für ein Mega-Event wie die Fußballweltmeisterschaft müssen das Land, und speziell die jeweiligen Austragungsstädte, auf den riesigen Ansturm von aktiven Sportlern, Medienvertretern, Politikern und Touristen eingestellt werden. Dazu ist es notwendig, Hotels, Zugangsstrassen, Stadien, Trainingsstätten, Telekommunikation und andere öffentliche Einrichtungen auf einen repräsentativen Stand zu bringen. Hier ist eine genaue Planung der Investoren notwendig, um eine Zweckmäßigkeit der Bauten auch nach der Weltmeisterschaft zu gewährleisten.

5.4.1. Die Chancen für die Südafrikanische Infrastruktur

Die gute Infrastruktur, die in Südafrika bereits vorhanden ist, auch was Verkehrswege, Hotels und Telekommunikation angeht, nahm die FIFA-Jury besonders für Südafrika ein.[118] Sie hatte einen wohl entscheidenden Anteil an der Vergabe des „Zuschlages".

---

[117] vgl. HEINEMANN K. (1995), Einführung in die Ökonomie des Sports, S. 257.
[118] vgl. www.dialog.cdg.de, (03.2004), >>Der Cup am Kap<<.

Und auch dank der ausgezeichneten Qualität seiner Sportstadien kommt Südafrika mit weniger Geld aus.

Wie schon erwähnt, sind drei der elf benötigten Spielstätten bereits heute WM-tauglich, an fünf weiteren genügen geringfügige Änderungen.[119] Darin liegen auch die Chancen für Südafrika. Die Investitionen werden finanziell überschaubar bleiben, was sich natürlich positiv auf den Rückfluss auswirken wird.

Bei den nötigen Maßnahmen allerdings muss schon in der Planung die Frage der „Nachhaltigkeit" behandelt werden. Nach Prof. Dr. Sven Güldenpfennig gibt es vier Dimensionen der Nachhaltigkeit, in denen gedacht werden sollte. Neben der Ökonomischen Dimension, die natürlich für Südafrika im Mittelpunkt stehen muss, gibt es noch die ökologische, die sportliche und die ästhetische Dimension. Selbstverständlich muss sich Südafrika vorerst um den ökonomischen Aspekt kümmern.[120] Die Frage, ob der Bau von Trainingsstätten, Verkehrswegen und Kongresszentren auch nachhaltig einen positiven Effekt erzielt, sollte geklärt sein. So müssen sich auch Privatinvestoren genau ausrechnen, ob eine umfangreiche Sanierung einer Hotelanlage beispielsweise auch in der Post-Event-Phase ausreichend genutzt wird.

Von allgemeinem gesellschaftlichem Interesse, sind die Investitionen für Sportstätten und Verkehrswesen, die von der öffentlichen Hand getragen werden. Hier muss in einem flächenmäßig großen Land wie Südafrika speziell darauf geachtet werden, wo es aufgrund des Standortes eine touristische Nachnutzung, z.B. der Verkehrswege und des Freizeitangebotes in verschiedenen Tourismusmetropolen, gibt. Eine sorgfältige Verbesserung der Infrastruktur würde sich an den ausgewählten Regionen, wie der Kapregion oder in der Region um den Krüger-Park, bestimmt nachhaltig rentieren.

---

[119] ebd.
[120] vgl. GÜLDENPFENNIG S. (2003), Die vier Seiten der Nachhaltigkeit von Sportstätten, in: BÜCH M.-P., MAENNING W., SCHULKE H.-J. (Hrsg.), Nachhaltigkeit von Sportstätten, Bd. 12, S. 88.

- 65 -

Der ökologische Aspekt stellt fast ausschließlich ein Risiko dar. Es ist für Südafrika daher unabdingbar, eine Art „Umweltkonzept" im Vorfeld der WM zu entwickeln, welches den Risiken, die die Veranstaltung mit sich bringt, entgegenwirkt. Nur so kann man sich der Weltöffentlichkeit als verantwortungsbewusst gegenüber Natur und Umwelt präsentieren.[121] Man könnte sich hier bestenfalls eine bessere finanzielle Unterstützung von diversen Ökoprojekten durch eine allgemeinwirtschaftliche Verbesserung des Landes vorstellen.

Der sportliche Aspekt hängt meines Erachtens auch direkt mit dem ökonomischen Nutzen zusammen. Wenn man eine gesellschaftliche Nachnutzung der Südafrikaner, wie z.B. der Sportstätten durch Schulen, Universitäten und Vereine erreicht, resultieren daraus Investitionseinsparungen des Staates und zusätzliche Einnahmen durch Stadionmieten. Hierfür ist eine Multifunktionalität der Stadien von Nöten, da in Südafrika weitere Volkssportarten, wie Cricket und Rugby, ein Millionengeschäft sind. Die Südafrikanische Bevölkerung könnte durch die Stadtentwicklung ohnehin einen beträchtlichen individuellen Nutzen haben, da Infrastrukturmaßnahmen ohne die Weltmeisterschaft nicht, bzw. nur mit zeitlicher Verzögerung durchgeführt werden könnten.[122]

Zudem kann durch moderne, ästhetische Architektur zu dem angesprochenen internationalen Imagegewinn beigetragen werden, der sich langfristig in stabileren Besucherzahlen und intensiver, professioneller Nachnutzung der Sportstätten widerspiegeln wird.

[121] NEUERBURG J. (2003), „Green Goal" - Das Umweltkonzept zur Fußball-WM 2006 von Hans-Joachim Neuerburg, in: Schriftenreihe „Sport und Umwelt" des Deutschen Sportbundes, Großveranstaltungen im Sport, Dokumentation des 11. Symposiums zur nachhaltigen Entwicklung des Sports vom 27.-28. November 2003 in Bodenheim/Rhein, S. 36.
[122] vgl. RAHMANN B., WEBER W., GROENING Y., KURSCHEIDT M., NAPP H.-G., PAULI M. (1998), Sozio-ökonomische Analyse der Fußball-Weltmeisterschaft 2006 in Deutschland, Universität Paderborn, Bd. 4, S. 75 f.

(1) Prä - Event - Phase
(2) Präsenz - Phase
(3) Post-Event - Phase

5.4.2. Die Risiken für die Südafrikanische Infrastruktur

Wenn es Südafrika allerdings nicht gelingen sollte, den logistischen Anforderungen der Kalkulation für die Nachhaltigkeit der infrastrukturellen Investitionen gerecht zu werden, kann das auf viele Bereiche einen negativen Einfluss haben. So würde etwa durch üppige Bebauung von Trainingsstätten in Regionen, die eher abgelegen sind, oder durch fehlende Multifunktionalität, eine Nachnutzung durch Vereine und Schulen kaum möglich sein. Es würden sich durch die mangelnde Auslastung nach dem Event und dem Umbau für andere Nutzungsmöglichkeiten unerwünschte Folgekosten ergeben.[123]

Ein weiteres Risiko liegt in der immensen ökologischen Belastung durch die WM. Es könnten auf Südafrika große Umweltschäden zukommen. Nicht nur in der Phase der Durchführung, sondern auch in der Prä- und Post-Event-Phase ist mit zum Teil irreversiblen Schäden zu rechnen. In der Prä-Event-Phase können Baumaßnahmen ökologische Schäden in Form von Flächenverbrauch, Eingriffen in ehemals geschützte Landschaften, Lärm und anderen Schadstoffemissionen hervorrufen. Diese wirken sich nicht nur negativ auf die Tier- und Pflanzenwelt, sondern auch auf das Wohlbefinden einzelner Bevölkerungsteile und Touristen aus. Während der Präsensphase ergeben sich Abfallprobleme, Lärmbelästigung und Schäden aus dem veranstaltungsbedingten An- und Abreiseverkehr. Und in der Post-Event-Phase können sich die genannten Schäden der Austragung durch Folgenutzungen der neuen bzw. modernen Infrastruktur verstärken.[124]

Diese Effekte sind für ein Land, dessen Tourismusanziehung hauptsächlich in landschaftlichen Faktoren, wie den Stränden, Nationalparks und Weinländereien besteht, ein ernstzunehmendes Risiko.

---

[123] vgl. HEINEMANN K. (1995), Einführung in die Ökonomie des Sports, S. 251.
[124] RAHMANN B., WEBER W., GROENING Y., KURSCHEIDT M., NAPP H.-G., PAULI M. (1998), Sozio-ökonomische Analyse der Fußball-Weltmeisterschaft 2006 in Deutschland, Universität Paderborn, Bd. 4, S. 80 f.

5.5. Die Politik

Durch die Vorbereitung, Durchführung und Nachwirkung der Fußball-Weltmeisterschaft werden innen- und außenpolitische Effekte hervorgerufen. Sie können, je nach Erfolg und wirtschaftlichem Nutzen der Veranstaltung, eine positive oder negative Auswirkung auf die Südafrikanische Politik haben.

5.5.1. Die Chancen für die Südafrikanische Politik

Der Südafrikanische Staat kann mit der Ausrichtung der WM 2010 vielfältige Chancen zur Lösung von internationalen Verständigungsproblemen und Konflikten realisieren. Durch den internationalen Charakter der Veranstaltung besteht die Möglichkeit des kulturellen Austausches.

Schwerpunkte der südafrikanischen Außenpolitik sind das Südliche Afrika, der gesamte afrikanische Kontinent sowie Europa und Nordamerika. Aber auch die Beziehungen zur Volksrepublik China und zu den Schwellenländern in Südostasien und Südamerika sollen vorangetrieben werden.

Die Beziehungen zu anderen afrikanischen Staaten und insbesondere zu den Partnern in der Southern African Development Community (SADC),[125] genießen hohe Priorität. Sie konzentrieren sich insbesondere auf wirtschaftliche Fragen und die Lösung politischer Konflikte.[126]

---

[125] Die ersten Schritte zur Gründung dieser Vereinigung fanden auf der Lusaka-Konferenz am 1.04.1980 statt, und am 17.08.1992 wurde das Abkommen in seiner heute gültigen Form in Windhoek, Namibia von den Staatschefs unterzeichnet. Ursprünglich bestand eines der Ziele der SADC darin, ein Gegengewicht zu dem seinerzeit noch vom Apartheidsregime beherrschten Südafrika zu bilden. Nach dem Machtwechsel wurde Südafrika selber Mitglied und eines der treibenden Kräfte der Vereinigung. Die Ziele der Wirtschaftsgemeinschaft liegen in einer Bündelung und Koordinierung der Entwicklungsaktivitäten zur Erzielung einer besseren Lebensqualität, einer Verminderung der Arbeitslosigkeit und Armut und einer höheren politischen Stabilität der Region unter Beachtung von Menschenrechten, Rechtsstaatlichkeit und Demokratie.(www.bridgetoafrica.com).

[126] vgl. www.auswaertiges-amt.de (10.2004), >>Südafrika Außenpolitik<<.

In der Bestrebung, eine führende Rolle in der SADC zu erlangen, kann Südafrika durch die WM 2010 erhebliche Fortschritte machen. Bestehende Vermittlungsbemühungen, beispielsweise in Ruanda und der Republik Kongo, könnten über diese Sportgroßveranstaltung neue Perspektiven erlangen, um den Frieden langfristig zu sichern.[127] Südafrika könnte also bestenfalls versuchen, dem ganzen Afrikanischen Kontinent mit der Austragung der WM einen gemeinsamen Identifikationsfaktor zu bieten. So könnte die Fußballweltmeisterschaft im weitesten Sinne zur Förderung des Weltfriedens beitragen.

Neben der friedensfördernden Funktion kann der Staat so auch zur Stärkung seines politischen Gewichtes in der Weltpolitik beitragen. Ein nach der WM erlangtes positives Image hat durchaus das Potential, für das politische System des Landes zu werben.[128] Schließlich hat Südafrika bedeutende Schritte in der politischen Situation des Landes gemacht, wenn man an die Zeiten der Apartheid und die blutigen Auseinandersetzungen der frühen 90er Jahre denkt. So hat Südafrika heute, nur zehn Jahre nach der Zerschlagung des Regimes, alles, was zu einer modernen Demokratie gehört: Pluralismus, Rechtsstaatlichkeit, unabhängige Gerichte, freie Presse, lebhafte Zivilgesellschaft und dazu eine der fortschrittlichsten Verfassungen der Welt.[129] Auch innenpolitisch sind positive Effekte für den Staat möglich, würde die Bevölkerung doch, nach einer gut organisierten WM, die dem Land diverse Aufschwünge bringt, die Regierung jederzeit wieder wählen. Einer politischen Verdrossenheit kann auf diesem Wege entgegengewirkt werden.

---

[127] Im Juli 2002 unterzeichneten die Präsidenten von Ruanda und Kongo in Pretoria ein Abkommen, das als großer Erfolg der südafrikanischen Vermittlung zu werten ist, und schließlich zur Zeichnung eines umfassenden Kongo-Friedensabkommen am 2. April 2003 in Sun City führte.
[128] vgl. RAHMANN B., WEBER W., GROENING Y., KURSCHEIDT M., NAPP H.-G., PAULI M. (1998), Sozio-ökonomische Analyse der Fußball-Weltmeisterschaft 2006 in Deutschland, Universität Paderborn, Bd. 4, S. 75.
[129] Die Zeit, Nr.17 (15.04.2004), >>Klassenkampf statt Rassenkampf, Zehn Jahre nach dem Ende der Apartheid: Südafrika ist stabil, aber gespalten<<, Bericht von Bartholomäus Grill.

5.5.2. Die Risiken für die Südafrikanische Politik

Ganz besonders innerhalb Afrikas wird es für das politische Ansehen von Bedeutung sein, keinen übersteigerten Nationalismus an den Tag zu legen; gerade in Anbetracht der Tatsache, dass sich Südafrika bei der Vergabe der WM ausschließlich gegen Afrikanische Kontrahenten durchsetzte. Die Ausrichtung dieses Mega-Events muss als Chance für den gesamten Kontinent vermittelt werden. Nelson Mandela machte von Anfang an den Schritt in die richtige Richtung, indem er nach der Entscheidung für Südafrika als Gastgeberland sagte: „Südafrika sollte das Wahlergebnis nicht arrogant, sondern mit Bescheidenheit und in Demut akzeptieren. Wir sind alle gleich: Die, die jetzt gewonnen haben ebenso wie die, die jetzt nicht gewonnen haben."[130] Südafrika muss mit seiner Ausrichtung also darauf achten keine nationalen Ideologien zu verbreiten, Vorurteile aufzubauen, und somit internationale Unstimmigkeiten zu provozieren.[131]

Auch darf die Südafrikanische Regierung nicht den Fehler machen, mit Hilfe eines Prestigeobjektes wie der Fußball-WM, von anderen politischen Aufgaben der Kommune abzulenken, oder diese zu vernachlässigen. Das würde sich langfristig in einer politischen Missstimmung der Gesellschaft innerhalb des Landes auswirken.

5.6. Die Gesellschaft

Die Südafrikanische Bevölkerung ist von jeder positiven sowie negativen Auswirkung dieser WM direkt betroffen.

---

[130] www.eurosport.de, >>WM 2010 in Südafrika<<.
[131] vgl. RAHMANN B., WEBER W., GROENING Y., KURSCHEIDT M., NAPP H.-G., PAULI M. (1998), Sozio-ökonomische Analyse der Fußball-Weltmeisterschaft 2006 in Deutschland, Universität Paderborn, Bd. 4, S. 75.

Sie sind die Gastgeber der zu erwartenden Touristenströme, sie sind die Nutznießer eines möglichen konjunkturellen Aufschwunges, müssen aber auch mit den Folgen leben, wenn die negativen Auswirkungen aufgrund mangelnder Organisation und Finanzpolitik überwiegen sollten. Es werden weit mehr Menschen gebraucht, als der offiziell mit diesen Aufgaben betraute Apparat. Die Mithilfe der ganzen Südafrikanischen Gesellschaft ist somit nötig, um der Gastgeberrolle eines Mega-Events dieser Größenordnung gerecht zu werden.

5.6.1. Die Chancen für die Südafrikanische Gesellschaft

Es gibt nur zwei Möglichkeiten, um einen Menschen zur umfangreichen Mithilfe eines Projektes zu bewegen. Entweder, es zahlt sich in irgendeiner Form direkt für ihn aus, oder man erweckt Interesse und eine Leidenschaft in ihm. Die Südafrikanische Regierung hat die Möglichkeit, ein fußballbegeistertes Volk für das größte Fußballturnier der Welt zu gewinnen. Zudem gibt es für jeden eine direkte oder indirekte Verdienstmöglichkeit. Die Motivationschancen sind somit äußerst viel versprechend. Und die Reaktionen der Südafrikaner auf den „Zuschlag" zeigen, wie sehr das Volk auf diese Möglichkeit gewartet hat. Der Stolz, für diese Zeit im Mittelpunkt der Weltöffentlichkeit zu stehen, die lokale kulturelle Tradition zu präsentieren und eine gute erste WM auf dem afrikanischen Kontinent zu organisieren, kann innerhalb der südafrikanischen Bevölkerung als identitätsstiftender Faktor gesehen werden. Das neue Zusammengehörigkeitsgefühl gibt Südafrika die Gelegenheit, noch bestehende Rassenschranken zu überwinden.[132]

[132] vgl. GANS P., HORN M., ZEMANN C. (2002), Alternative Konzepte zur Erfassung regionalwirtschaftlicher Wirkungen von Sportgroßveranstaltungen, in: BÜCH M.-P., MAENNING W., SCHULKE H.-J. (Hrsg.), Regional- und sportökonomische Aspekte von Sportgroßveranstaltungen, Bd. 11, S. 125.

Auch in den sozial schwächeren Schichten kann die Weltmeisterschaft neues Selbstvertrauen geben, indem der Fußball in strukturschwachen und von hoher Arbeitslosigkeit betroffenen Regionen, wie den Slums und Townships Südafrikas, einen wichtigen Identifikationspunkt darstellt.[133] Auch über den Zeitraum der Weltmeisterschaft hinaus kann es zu positiven gesellschaftlichen Auswirkungen kommen, so profitieren die Menschen direkt von der besseren Infrastruktur und einem steigenden Erlebnis- und Freizeitwert. Dieser wird durch diverse Investitionen zur Gestaltung eines Rahmenprogramms während des Turniers weiter entwickelt werden. Also werden die Südafrikaner nicht nur in den Genuss kommen, die hoch entwickelten Sportstätten weiter zu nutzen, sondern auch einem umfangreicheren kulturellen Angebot zu frönen.

5.6.2. Die Risiken für die Südafrikanische Gesellschaft

Wenn das Organisationskomitee es allerdings verpasst, eine gemeinschaftliche Veranstaltung anzustreben, um längerfristige gesellschaftliche Stabilisierung zu erreichen, kann eine ganz andere Entwicklung entstehen. Werden durch Polarisierung einzelne Bevölkerungsgruppen ausgegrenzt, wird sich dieses in Störungen der Veranstaltung zeigen. Gewaltsame Ausschreitungen, steigende Kriminalität und Konflikte zwischen Einheimischen und Besuchern könnten die Folge sein.[134] Ausschlaggebend für eine solche Entwicklung könnte die Ticketpolitik Südafrikas für die WM sein. Rund die Hälfte der Bevölkerung Südafrikas lebt unterhalb der Armutsgrenze. Für sie sind die WM-Eintrittskarten unerschwinglich, da das Durchschnittsticket 169 Dollar kosten soll.[135]

---

[133] ANDERS G., HARTMANN W. (1996), Wirtschaftsfaktor Sport, Bd. 15, S. 58.
[134] vgl. RAHMANN B., WEBER W., GROENING Y., KURSCHEIDT M., NAPP H.-G., PAULI M. (1998), Sozio-ökonomische Analyse der Fußball-Weltmeisterschaft 2006 in Deutschland, Universität Paderborn, Bd. 4, S. 77.
[135] vgl. www.dialog.cdg.de, (03.2004), >>Der Cup am Kap<<.

Wenn es sich bei dieser Weltmeisterschaft nur reiche Südafrikaner und Touristen leisten können, ein Spiel live zu sehen, würde dieses die Entwicklung eines neuen Zusammengehörigkeitsgefühls behindern. Weiterhin muss man meiner Ansicht nach berücksichtigen, dass die Südafrikaner noch zwei andere, in der Bevölkerung ungefähr gleich stark angesehene Sportarten haben. Ein nicht unbedeutender Anteil der Bevölkerung interessiert sich eher für Rugby oder Cricket als für Fußball. In Deutschland beispielsweise ist der Fußballsport in der Gunst des Volkes unangefochten an der Spitze. So werden in einem so dicht besiedelten, fußballverrückten Land wie Deutschland, bei der WM 2006 ohne Probleme die Stadien auch bei Vorrundenspielen ohne Deutsche Beteiligung zu füllen sein. Wenn in Südafrika 2010 allerdings z.B. Uruguay gegen Slowenien in einer kleinen Stadt wie Nelspruit antritt, und die Ticketpreise für die Hälfte der Interessierten unerschwinglich bleibt, kann eine Auslastung nicht erreicht werden. So wäre es beispielsweise hilfreich, im Falle einer fehlenden Auslastung der Stadien, vergünstigte Kartenkontingente für bestimmte Zielgruppen (große Firmen oder einzelne Wohngegenden) bereit zu stellen, und somit noch mehr Südafrikanern die Chance zu geben, diesem Ereignis beizuwohnen.

Mit ähnlichen Ideen sollte Südafrika die Verkaufsstrategie der Tickets verbessern, vor allem hinsichtlich der Bestrebung, alle interessierten Südafrikaner zu Beteiligten zu machen.

5.7. Die Einnahmen und Ausgaben auf einem Blick

Einnahmen	Ausgaben
⇒ Ticketverkauf	⇒ Einrichtungs- und Infrastrukturinvestitionen
⇒ Übertragungsrechte, Lizenzen und Sponsorengelder	⇒ Operative Aufwendungen für Planung, Organisation, Verwaltung und Durchführung
⇒ Sonstige Tourismusausgaben	
⇒ Zusätzliche Steuereinnahmen	⇒ Opportunitätskosten der Flächennutzung und Abrisskosten
⇒ Wertsteigerung von Immobilien	⇒ Verdrängungseffekte im Tourismus und Baubereich (auch nachhaltig)
⇒ Nachnutzung der WM bedingt errichteten Anlagen	
⇒ Steigerung anderer, nicht direkt beteiligter Märkte	

Abb. 9: Die Einnahmen und Ausgaben für Südafrika hinsichtlich der Ausrichtung der Fußballweltmeisterschaft 2010 auf einem Blick[136]

[136] Eigene Darstellung.

5.8. Die Chancen und Risiken auf einem Blick

Bereich	Chancen	Risiken
Tourismus	⇒ Langfristige Bindung der Hauptmärkte durch steigende Attraktivität der Region	⇒ Verdrängungseffekte „normaler" Touristen während der WM
	⇒ Organisierter Eventtourismus während der WM für die volle Präsensphase	⇒ Schlechte Organisation vertreibt die Touristen nachhaltig
Image	⇒ Langfristige Verbindung Südafrikas mit dem WM-Land	⇒ Das Problem-Image wird durch Nichtbehandlung der Negativfaktoren (HIV, Gewalt, Arbeitslosigkeit) und schlechter Organisation der WM weiter erhärtet
	⇒ Aufbesserung des Problem-Images	
Wirtschaft	⇒ Investitions- und Konsumausgaben	⇒ Preissteigerung
	⇒ Steigende Beschäftigung	⇒ Überkapazitäten in der Post-Eventphase der WM
Infrastruktur	⇒ Verbesserte Infrastruktur und Sportstätten für Südafrika	⇒ Fehlende Nachnutzung der Erneuerungen
		⇒ Umweltbelastungen
Politik	⇒ Steigerung des internationalen Ansehens	⇒ Übertriebener Nationalismus
	⇒ Förderung des Weltfriedens	⇒ Vernachlässigung anderer politischer Aufgaben
	⇒ Werbung für politische Systeme Südafrikas	
Gesellschaft	⇒ Steigerung der lokalen Identität	⇒ Konflikte zwischen Einheimischen und Besuchern
	⇒ Integrationswirkung auf alle Schichten	⇒ Fehlende Integration sozial schwacher Bevölkerungsgruppen

Abb. 10: Die Chancen und Risiken für Südafrika hinsichtlich der Ausrichtung der Fußballweltmeisterschaft 2010 auf einem Blick[137]

---

[137] eigene Darstellung.

6 SCHLUßBETRACHTUNG

Als Ergebnis meiner Arbeit möchte ich festhalten, dass die Ausrichtung der FIFA-Fußballweltmeisterschaft 2010 für Afrika, und speziell für den Gastgeber Südafrika, in wirtschaftlicher sowie gesellschaftlicher Hinsicht enormen Nutzen bringen kann. Die Voraussetzungen für diesen Erfolg liegen in einer professionellen und modernen Planung, Organisation und Durchführung dieses Mega-Events. Südafrika hat sich mit einer gut strukturierten Bewerbung gegen die anderen afrikanischen Mitbewerber durchgesetzt, und muss nun an einer innovativen Umsetzung der Pläne arbeiten. Und die Voraussetzungen dafür sind gegeben. Die Infrastruktur ist sehr fortschrittlich, so dass keine unverhältnismäßigen Investitionen getätigt werden müssen.

Das ökonomisch aufstrebende Land hat durch die Weltmeisterschaft die Möglichkeit, die neuen Absatzchancen verschiedener Branchen zu nutzen, und neue Märkte zu erschließen. So würde der Wirtschaftsstandort Südafrika nachhaltig belebt, und dem Arbeitslosenproblemen entgegengewirkt.

Ein weiterer Gewinn ist darin zu sehen, dass die ganze Nation geschlossen hinter diesem Ereignis steht. Die Motivation der Bevölkerung, Gastgeber der größten sportlichen Veranstaltung weltweit zu sein, könnte zu einem völlig neuen Zusammengehörigkeitsgefühl aller Rassen in einer Sportnation wie Südafrika führen.

Die WM 2010 bietet Südafrika außerdem die Möglichkeit einer internationalen Imageaufbesserung. Ein Land, das durch seine Probleme mit der internen Politik und der Kriminalität viele Touristen abschreckte, könnte nach der Weltmeisterschaft ein neues Bild von sich vermitteln. Die ganze Welt würde die Anstrengungen Südafrikas bemerken, gegen seine Probleme vorzugehen. Zudem könnten neue sportorientierte Tourismusmärkte in verschiedenen Regionen des Landes entstehen, die sportlich begeisterte Besucher weltweit anzögen.

Wichtige Voraussetzungen für derartige Effekte liegen jedoch in einer vorbildlichen Veranstaltungsorganisation und einer Gewährleistung des störungsfreien Ablaufes innerhalb der Stadien und der Städte. Sonst kann es zu entsprechenden Negativ-Effekten wie Rücklauf der Touristenzahlen, Preissteigerungen oder Umweltschädigung kommen. In der Bevölkerung Südafrikas würde dies zu einer Polarisierung führen, und die Diskrepanzen verschiedener gesellschaftlicher Schichten noch weiter erhärten. Ein entsprechendes Image wäre durch die globale Macht und Medienwirksamkeit des Events sogleich hergestellt.

So kann abschließend festgehalten werden, dass die Ausrichtung der WM 2010 für Südafrika sicherlich nicht ausreicht, gesellschaftliche Probleme zu lösen oder volkswirtschaftliche Ziele vollständig zu verwirklichen. Bei Nutzung der Chancen und gleichzeitiger Minimierung der Risiken, kann sie allerdings ein geeignetes Mittel sein, um im Rahmen eines breiten Spektrums wünschenswerte sozio-ökonomische Auswirkungen hervorzurufen.

Abb. 11: Nelson Mandela mit dem FIFA-Weltpokal.[138]

---

[138] www.fifa.com (27.10.2004), >> Vom Apartheid-Staat zum Gastgeber des FIFA Weltpokals™ - 40 Jahre südafrikanischer Sportgeschichte<<.

IV LITERATURVERZEICHNIS

ANDERS G., HARTMANN W. (1996), Wirtschaftsfaktor Sport, Bd. 15.

BÜHLER M., CONSIGGLIO V., KÜENZI M., RIEDIKER R., SCHLÄPPI S., TSCHUDI T. (2003), Die regionalökonomischen Auswirkungen von Grossanlässen.

dtv Brockhaus Lexikon (1984)

Die Tageszeitung (taz) Nr. 7360 (17.5.2004), >>Die Herzen fliegen zum Kap<<, Bericht von Martin Hägele.

Die Zeit, Das Lexikon (2005). In 20 Bänden.

Die Zeit, Nr. 10 (03.03.2005), >>Bitte mehr lächeln<<, Bericht von Olaf Krohn.

Die Zeit, Nr.17 (15.04.2004), >>Klassenkampf statt Rassenkampf, Zehn Jahre nach dem Ende der Apartheid: Südafrika ist stabil, aber gespalten<<, Bericht von Bartholomäus Grill.

Frankfurter Rundschau (23.10.1991), >>Südafrika-Embargo gelockert<<.

FREYER W. (2002), Sport-Tourismus, Einige Anmerkungen aus Sicht der Wissenschaft(en), in: DREYER A. (Hrsg.), Tourismus und Sport, wirtschaftliche, soziologische und gesundheitliche Aspekte des Sport-Tourismus, S. 1-24.

GANS P., HORN M., ZEMANN C. (2002), Alternative Konzepte zur Erfassung regionalwirtschaftlicher Wirkungen von Sportgroßveranstaltungen, in: BÜCH M.-P., MAENNING W., SCHULKE H.-J. (Hrsg.), Regional- und sportökonomische Aspekte von Sportgroßveranstaltungen, Bd. 11, S. 123-137.

GÜLDENPFENNIG S. (2003), Die vier Seiten der Nachhaltigkeit von Sportstätten, in: BÜCH M.-P., MAENNING W., SCHULKE H.-J. (Hrsg.), Nachhaltigkeit von Sportstätten, Bd. 12, S. 87-104.

HEINEMANN K. (1995), Einführung in die Ökonomie des Sports.

KURSCHEIDT M., Erfassung und Bewertung der wirtschaftlichen Effekte der Fussball-WM 2006™ (Unabhängiges wissenschaftliches Gutachten), Ruhr-Universität Bochum.

KURSCHEIDT M., (2004), Nationale Ausrichtung unter globalem Druck: Ökonomische Implikationen des Bieterwettbewerbs um Sport-Mega-Events, in: DIETL H. M. (Hrsg.), Sportökonomie 5, Globalisierung des wirtschaftlichen Wettbewerbs im Sport, S. 47-70.

KRAMER J. (1993), Mikroökonomische Verfahren der Präferenzermittlung für öffentliche Güter und ihre Einsatzmöglichkeiten im Rahmen erweiterter Nutzen-Kosten-Analysen von Großveranstaltungen.

KRUMPHOLZ A., (1991), Apartheid und Sport, Europarecht-Völkerrecht; Bd. 41.

LECK N. (1977), South African Sport, Cape Town: Macdonald South Africa.

LUFT H. (2001), Organisation und Vermarktung von Tourismusorten und Tourismusregionen: Destination Management.

MAENNING W., FEDDERSEN, A. (2002), Imageeffekte von Sportgroßveranstaltungen: Möglichkeiten und Grenzen der Messung, in: BÜCH M.-P., MAENNING W., SCHULKE H.-J. (Hrsg.), Regional- und sportökonomische Aspekte von Sportgroßveranstaltungen, Bd. 11, S. 101-117.

MBEKI T. (2002), aus: Bulletin der Botschaft der Republik Südafrika 21. Januar 2003, Batho Pele.

MEYER B., AHLERT G. (2002), Probleme der Regionalisierung volkswirtschaftlicher Einkommens- und Beschäftigungseffekte von Sportgroßveranstaltungen, in: BÜCH M.-P., MAENNING W., SCHULKE H.-J. (Hrsg.), Regional- und sportökonomische Aspekte von Sportgroßveranstaltungen, Bd. 11, S.83-100.

NEUERBURG J. (2003), „Green Goal" - Das Umweltkonzept zur Fußball-WM 2006 von Hans-Joachim Neuerburg, in: Schriftenreihe „Sport und Umwelt" des Deutschen Sportbundes, Großveranstaltungen im Sport, Dokumentation des 11. Symposiums zur nachhaltigen Entwicklung des Sports vom 27.-28. November 2003 in Bodenheim/Rhein, S. 36-39.

RAHMANN B., WEBER W., GROENING Y., KURSCHEIDT M., NAPP H.-G., PAULI M. (1998), Sozio-ökonomische Analyse der Fußball-Weltmeisterschaft 2006 in Deutschland, Universität Paderborn, Bd. 4.

RÜRUP B., SESSELMMEIER W., ENKE M. (2002) Fischer Information & Wissen, Wirtschaftslexikon.

SCHAFFRATH M. (1999), Fußball-WM `98, Analyse, Akzeptanz, Akquise.

SCHLOSSHAN A., (1992), Sport und Apartheid, Geschichte und Problematik der Rassendiskriminierung im Sport in der Republik Südafrika.

SCHURACK C. (2003), Die Bedeutung von Großveranstaltungen im Sport-Tourismus.

South African Football Association (Hrsg.), (Johannesburg 1999) South Africa 2006: Africa`s Call.

South African Tourism (Broschüre 2001), Statistik, Monthly Arrivals of Visitors: 1998-2000.

TÖPFER A., MANN A. (1996), Kommunale Kommunikationspolitik, Befunde einer empirischen Analyse.

WTO-Welt Tourismus Organisation (1993), Statistisches Jahrbuch

Internetquellen

Web-Seite	Pfad	Titel
www.africalounge.com	http://www.africalounge.com/wm2010_wm2010_wm2010_suedafrika.html	WM 2010 Südafrika im Jubel
www.auswaertiges-amt.de	http://www.auswaertiges-amt.de/www/de/laenderinfos/laender/print_html?type_id=11&land_id=162	Südafrika Außenpolitik
www.bridgetoafrica.com	http://www.bridgetoafrica.com/business/tradezones/zonesde.html.	Afrikanische Wirtschaftszonen und Kooperationen
www.cape-invest.com	http://www.cape-invest.com/de/suedafrika/kapstadt/service/news/20040806%20-%20FIFA%20organisiert%20WM%202010%20in%20Suedafrika%20selbst.htm	FIFA organisiert WM 2010 in Südafrika selbst 06.08.2004
www.citizen.co.za	http://www.citizen.co.za/index/marketingpage.aspx?pDesc=10,1,29	The Citizen
www.dialog.cdg.de	http://www.dialog.inwent.org/de/rub_20020306182708/artikel_200409091 41357.html	Der Cup am Kap (09.2004)
www.eurosport.de	http://www.eurosport.de/home/pages/V4/L1/S22/E6243/sport_Lng1_Spo22_Evt6243_Sto588705.shtml	WM 2010 in Südafrika
www.fifa.com	http://www.fifa.ch/de/organisation/index/0,1521,103527,00.html?articleid=103527	Vom Apartheid-Staat zum Gastgeber des FIFA Weltpokals™ - 40 Jahre südafrikanischer Sportgeschichte (27.10.2004)
www.fifa.com	http://www.fifa.com/de/media/index/0,1369,104727,00.html?articleid=104727	Ausschreibung gewisser Medienrechte in Europa durch die FIFA (15.12.2004)
www.fifa.com	http://www.fifa.ch/de/worldcup/index/0,3360,101948,00.html?comp=WF&year=2010&articleid=101948	Mustapha Fahmy: "Alle Augen werden auf Afrika gerichtet sein"
www.fussballportal.de	http://www.fussballportal.de/wm-2006/index.php?kat=15&art=3919	Blatter sieht großes Markt-Potenzial für WM 2010
www.fussball24.de	http://www.fussball24.de/fussball/4/57/58/1159-suedafrika-schon-im-wm-fieber	Südafrika schon im WM-Fieber
www.geschichte-suedafrika.de	http://www.geschichtesuedafrika.de/geschichteSA/infosa_java/neu_main07.htm	Sport in Südafrika

www.hochschulstellenm arkt.de	http://www.hochschulstellenmarkt.de/ info/s/so/soweto.html	Soweto
www.yahoo.com	http://2002.fifaworldcup.yahoo.com/0 2/de/t/t/h/rsa.html	Südafrika (RSA)
www.yahoo.com	http://fifaworldcup.yahoo.com/06/de/t /team/profile.html?team=rsa	Südafrika hofft auf dritte Endrunden-Teilnahme in Folge
www.kapstadt.de	http://www.kapstadt.de/ubuntu/019c0 695040b5a507/1f023d95080e11007/	Soziale Probleme
www.misereor.de	http://www.misereor.de/projekte_202 8.php	Südafrika
www.munichre.com	www.munichre.com/publications/302 -03630_de.pdf	Jahresrückblick Naturkatastrophen 2002
www.nangu-thina.de	http://www.nangu- thina.de/projects/hiv/aids_in_africa_d e.PDF	Aids in Südafrika
www.nkosi.de	http://www.nkosi.de/7303.html?*sess ion*id*key*=*session*id*val*	Was ist HIV/Aids?
www.southafrica2010. org	Im Anhang beigefügt	Inspection Group Report for the 2010 FIFA World Cup™
www.sportgate.de	http://www.sportgate.de/fussball-wm- 2006/24428-Suedafrika-startet- Marketingkampagne-vor-WM- Vergabe.html	Südafrika startet Marketingkampagne vor WM-Vergabe
www.stadionwelt.de	http://www.stadionwelt.de/stadionwel t_stadien/index.php?template=stadio nlisten&view=wm2010	Stadien der WM 2010
www.suedafrika- guide.de	http://www.suedafrika- guide.de/kultur/wirtschaft.html,	Wirtschaft
www.suedafrika- guide.de	http://www.suedafrika- guide.de/kultur/gesellschaft.html	Gesellschaft
www.suedafrika.net	http://www.suedafrika.net/economy/ wirtsft.htm	Südafrikas Wirtschaft
www.suedafrika.org	http://www.suedafrika.org/sae/de/ind ex.asp?DocumentID=88	home
www.wikipedia.org	Die freie Enzyklopädie im Internet	Diverse Schlagwörter
www.zdf.de	http://www.zdf.de/ZDFde/inhalt/6/0,1 872,2125542,00.html	Jubel in Südafrika (15.05.2004)
www.zeit.de	http://zeus.zeit.de/text/2005/02/Chro nik	Urlauberzahlen nach Katastrophen